运动与健康

石振国　主编

山东大学出版社
SHANDONG UNIVERSITY PRESS
·济南·

图书在版编目(CIP)数据

运动与健康 / 石振国主编.—济南:山东大学出版社,2022.4

ISBN 978-7-5607-7397-1

Ⅰ.①运… Ⅱ.①石… Ⅲ.①体育运动—关系—健康 Ⅳ.①G806

中国版本图书馆 CIP 数据核字(2022)第 040474 号

责任编辑　陈佳意
文案编辑　张馨月
封面设计　牛　钧　王秋忆

出版发行　山东大学出版社
社　　址　山东省济南市山大南路 20 号
邮政编码　250100
发行热线　(0531)88363008
经　　销　新华书店
印　　刷　济南乾丰云印刷科技有限公司
规　　格　720 毫米×1000 毫米　1/16
　　　　　12.25 印张　227 千字
版　　次　2022 年 4 月第 1 版
印　　次　2022 年 4 月第 1 次印刷
定　　价　67.00 元

《运动与健康》
编委会

主　编　石振国

副主编　张　军　孙　谦　潘　洋　张　颖

编　委　（按姓氏笔画排序）

石振国　孙　谦　孙传宁　李拓键

张　军　张　颖　张宪亮　贺　强

潘　洋

出版说明

山东大学自1901年办学兴校伊始就以“立德树人，育人强国”为根本宗旨，始终将大学的命运与国家民族的命运紧紧联系在一起，为天下储人才、为国家图富强，引导学生通过求学成才，报效国家。山东大学是中国近代研究生教育理念与实践的起源性大学之一，是全国最早招收和培养研究生的高校之一，是中国研究生培养的重要基地。2020年，以“培养最具创造力的研究生”为目标，学校制定了首个研究生教育综合改革发展意见，研究生教育以“立德树人，服务需求”为鲜明旗帜，全面进入新时代，致力于铺就一流大学建设的“强校之路”。2021年，山东大学迎来120周年华诞，“百廿山大，强校兴国”，是10万多名山大研究生学子不变的初心使命。未来的研究生教育，将在山东大学“由大到强”的历史性转变中，在教育强国、人才强国、科技强国的理想奋斗中继续变强，为实现中华民族伟大复兴做出新的更大贡献！

课程体系优化和精品课程建设是人才培养质量的保障，深化研究生培养模式改革首要的任务就是进一步优化学科课程设置。本丛书以公共课程智慧教学与研究为主题，聚焦研究生教育教学改革、创新研究生育人模式，从“教”与“研”两个视角对研究生公共课程教学进行深入思考，推进研究生公共课程多元化智慧教学创新改革，打造内容国际化、形式现代化、手段智慧化的优质研究生公共课程体系，促进研究生培养质量进一步提升。

本丛书的建设目标为：

一是打造国际化、世界一流的课程内容。公共课程创新计划旨在贯彻落实建设教育强国战略方针，探索新形势下研究生教育发展趋势，对标世界一流高校的先进经验和做法，引入最新的研究生课程教育教学理念，进一步提高研究生公共课程教学质量。

二是打造现代化、多元化的全新课程形式。全面改革公共课程现有授课模式，对公共课教学的瓶颈问题进行针对性的梳理、总结，对多种在线教学模式进行比选融合，对课程知识点进行组合和重构，推进线上线下混合式教学，实现研究生公共课程体系现代化。

三是打造精品化、全面化的公共课程教学体系。鼓励和倡导以公共课程设置创新为契机对智慧教学的规律、特点进行探索，对授课方式、授课内容、课程成绩评价体系进行全面更新，以跨学科公共课程体系为依托推进导师团队建设、学科交叉创新、科教产教融合。

本丛书将对深化研究生教育教学研究、推进研究生公共课程体系优化、提高研究生教材建设水平等有所裨益。

山东大学研究生院、党委研究生工作部

2022 年 4 月

前　言

生命在于运动!

科学运动对人类身心健康的积极功用已经得到世人的广泛认同,它对提高人民身体健康水平、满足人民对美好生活的向往、促进人的全面发展均具有重要作用。以人工智能技术为标志的第四次工业革命进一步加快了人类文明的前进步伐,贯彻"以人民为中心"的体育发展理念,形成科学、文明、健康的高品质体育生活方式,是现代化社会发展的必然诉求。然而,高频率的生活节奏,高强度的学习压力,再加上电子产品的普及,学生主动健身行为越来越少,导致学生体质健康水平每况愈下。虽然近几年学生体质健康状况连续下滑的趋势得到初步遏制,但近视率、肥胖率、心肺耐力、力量和速度素质等方面仍呈现出增长趋于停滞、身体素质低谷徘徊等趋势,出现亚健康、"肌肉饥饿"等不良现象也就不足为奇了。研究表明,运动不足是影响人类身心健康的重要因素之一。

适时、适量、适度的健身运动,对提高学生身体素质水平、增强身体免疫力、舒缓焦虑、增强抗压以及提高反应时能力等方面均有益处。但由于缺乏科学健身的基本知识和运动技能,又难觅系统学习资源,许多学生处于"观望"和"无从下手"的两难境遇。为满足学生健身需求,我们组织了长期工作在全民健身教学科研一线,具有丰富科学健身知识和运动技能的老师,精心录制了《运动与健康》视频课程(该视频课程已在"学堂在线"平台上线)。为了让健身者更清晰地了解视频课程内容,学习领会视频课程中的知识点和身体锻炼要点,我们又组织老师精心编纂了本门课程的"智慧化"教材。

本教材区别以往传统教材以文字叙述为主的做法,运用现代信息技术手段,将身体锻炼的视频内容以二维码的形式在教材中展现出来。健身者既可以通过扫描二维码随时随地进行身体锻炼,也可以随着班级教学进度循序渐进地进行系统学习。本教材注重运动健康知识点和运动技能的重构和组合，试图打造新形势下体育课程线上线下混合式教学新模式，充分发挥体育育人功能，帮助学生在体育锻炼中享受乐趣、增强体质、健全人格、锤炼意志。

本教材既可以作为运动健康类课程的指导教材，也可以作为广大健身爱好者的参考书目。教材参考了国内外很多研究成果，在参考文献中尽量作了注明，如有遗漏，深表歉意。同时，这是体育课程首次采用线上线下混合制教学模式的探索，肯定有不足之处，敬请读者提出宝贵意见。山东大学体育学院的宋梦杰、郭晨宇、荆汶、杜黎涛、熊春伟、张杰、李海杰、王文杰等同学参加了视频录制，山东大学出版社为教材出版提供了积极充分的协助，在此一并致谢！

编　者

2022 年 4 月

目　录

第一章
探秘体质健康密码

近年来，我国大学生群体的身体素质堪忧，缺少体育锻炼和必要的身体活动是造成大学生身体机能下降的主要原因。教育部印发的《国家学生体质健康标准（2014 年修订）》，从身体形态、身体机能和身体素质等方面综合评定学生的体质健康水平，以促进学生积极参加体育锻炼、养成良好的锻炼习惯、提高体质健康水平。然而，盲目的运动会造成不同程度的损伤，因此身体运动功能评估必不可少。只有了解自身健康状况，客观评价基础运动能力才能更好地进行锻炼。本章介绍了大学生体质健康测试中不同项目的动作要领、常见错误、评分标准，以及功能性动作筛查模式（FMS）中各项测试动作的目的、方法和评分要求，帮助学生了解大学生体质健康测试规范和运动过程中潜在的动作补偿问题，降低运动损伤的发生概率。

第一节　国家学生体质健康标准

我国普通高等院校学生体质健康测试共 10 个指标，其中共性指标为身高、体重、肺活量、坐位体前屈、立定跳远、50 米跑，另外男生还需测试 1000 米跑和引体向上，女生测试 800 米跑和 1 分钟仰卧起坐。大一、大二学生执行相同的评分标准，大三、大四学生执行相同的评分标准。本节就《国家学生体质健康测试标准（2014 年修订）》中的动作要领、常见错误以及评分标准进行介绍。

一、身体形态指标——身高、体重

测试时，受试者赤足，背向立柱站立在身高计的底板上；躯干自然挺直，头部正直，两眼平视前方，保持耳屏上缘与眼眶下缘呈水平位。上肢自然下垂，两腿伸直，两足跟并拢，足尖分开约 60 度。足跟、骶骨部、两肩胛间与立柱相接触，呈“三点一线”站立姿势。动作要领示范见图 1-1。

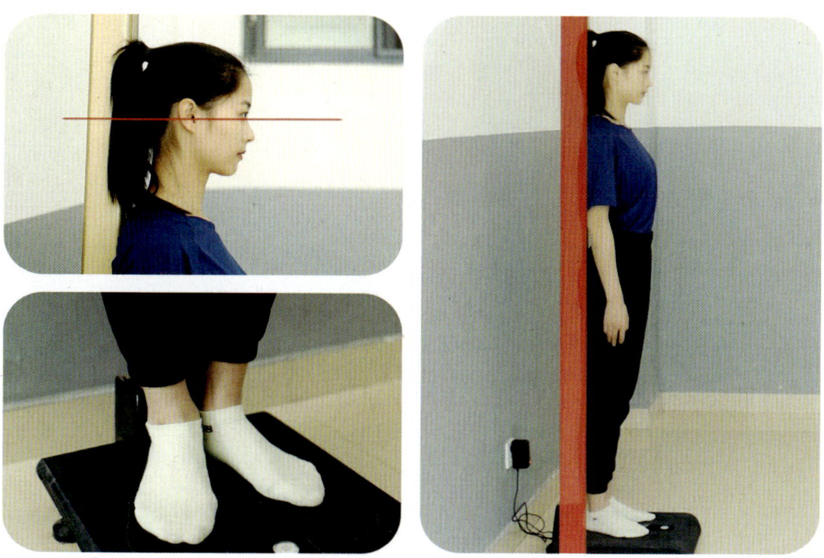

图 1-1　身高、体重测试动作要领示范

小贴士

图 1-2　发辫未放开

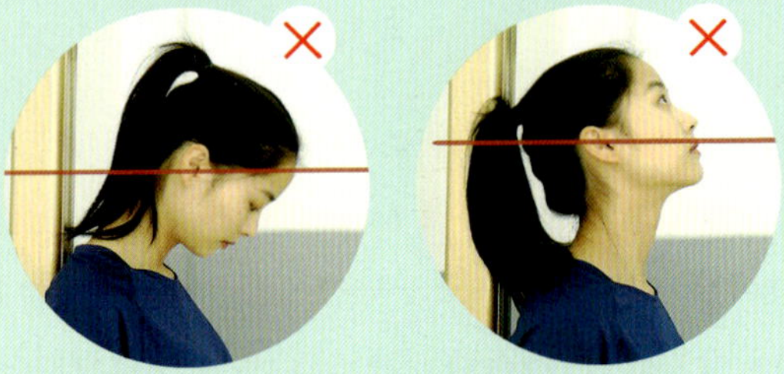

图 1-3　低头或抬头

(1)常见错误

①受试者头顶上的发辫、发结未放开或饰物未取下,见图 1-2。

②受试者头过低或过高,耳屏上缘与眼眶下缘未呈水平位,见图 1-3。

③足跟、骶骨部及两肩胛间未与立柱相接触或穿鞋站立于身高体重计上,见图 1-4。

(2)评分标准(见表 1-1)

图 1-4　足跟、骶骨未与立柱接触

表 1-1　BMI 评分标准

等级	男	女
及格(肥胖)	≥28	≥28
良好(偏瘦/超重)	≤17.8 或 24.0～27.9	≤17.1 或 24.0～27.9
优秀(正常)	17.9～23.9	17.2～23.9

二、身体机能指标——肺活量

测试时，先深吸一口气，上提胸廓至身体后仰；然后匀速将气体吹出，切忌快吹或慢吹；随着身体吹出的气体越来越多，身体逐渐前倾，最后呈弯腰躲脚状。动作要领示范见图 1-5。

图 1-5 肺活量动作要领示范

小贴士

（1）常见错误

①吹气时气流中断，一旦中断，仪器便自动记为一次测量的结束。

②吹气时，吹嘴未紧靠面部，吹出的气体从吹嘴与面部之间的空隙溢出，见图 1-6。

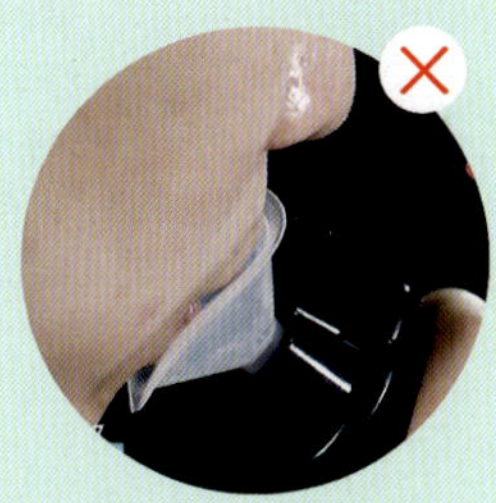

图 1-6 吹嘴未紧靠面部

（2）评分标准（见表 1-2）

表 1-2 肺活量测试评分标准 单位：毫升

等级	大一、大二		大三、大四	
	男	女	男	女
及格	3100	2000	3200	2050
良好	4300	3000	4400	3050
优秀	4800	3300	4900	3350

三、身体素质指标——坐位体前屈

受试者坐在连接于箱体的软垫上，两腿伸直，不可弯曲，脚跟并拢，脚尖分开 10～15 厘米，踩在测量计垂直平板上，双手同时匀速推送游标。动作要领示范见图 1-7。

图 1-7　坐位体前屈测试动作要领示范

小贴士

(1)常见错误

单臂推送游标或爆发性推送游标，见图 1-8、图 1-9。

图 1-8　单臂推送游标

图 1-9　爆发性推送游标

（2）评分标准（见表 1-3）

表 1-3　坐位体前屈测试评分标准　　单位：厘米

等级	大一、大二		大三、大四	
	男	女	男	女
及格	3.7	6	4.2	6.5
良好	17.7	19	18.2	19.5
优秀	21.3	22.2	21.5	22.4

四、身体素质指标——立定跳远

受试者两脚自然分开站立在起跳线后，脚尖不得踩线。起跳时，屈膝下蹲，上体前倾，同时两臂自然前后预摆两次，两腿随之屈伸。当两臂从后向前上方做有力摆动时，前脚掌迅速蹬地，膝关节充分蹬直同时展髋向前跳起，身体尽量前送，身体在空中成一斜线，过最高点后屈膝、收腹、小腿前伸，两臂自上向后下方摆，落地时脚跟先着地，落地后屈膝缓冲。动作要领示范见图 1-10。

图 1-10　立定跳远动作要领示范

小贴士

(1)常见错误

受试者起跳前两脚尖触线、过线或起跳时有垫跳、助跑、连跳,落地时手撑地,见图 1-11 至图 1-13。

图 1-11　垫跳

1-12　助跑

图 1-13　落地时手撑地图

(2)评分标准(见表 1-4)

表 1-4　立定跳远测试评分标准　单位:厘米

等级	大一、大二		大三、大四	
	男	女	男	女
及格	208	151	210	152
良好	248	181	250	182
优秀	263	195	265	196

五、身体素质指标——50 米跑

受试者站立起跑,听见“预备,跑”口令后全力起跑,起跑后充分摆臂,前脚掌着地快频率奔跑,全力冲过终点线。动作要领示范见图 1-14。

图 1-14 50 米跑动作要领示范

小贴士

(1)常见错误

①踩、跨起跑线或抢跑,见图 1-15。

②提前减速,未全力冲过终点。

③跑错道,丢失成绩或者成绩不符。

(2)评分标准(见表 1-5)

图 1-15 踩线

表 1-5 50 米跑测试评分标准 单位:秒

等级	大一、大二		大三、大四	
	男	女	男	女
及格	9.1	10.3	9.0	10.2
良好	7.1	8.3	7.0	8.2
优秀	6.9	7.7	6.8	7.6

六、身体素质指标——800 米/1000 米跑

受试者至少两人一组,站立式起跑。当听到起跑信号后,立即起跑,全力跑向终点线。动作要领示范见图 1-16。

图 1-16　800 米/1000 米跑动作要领示范

小贴士

(1)常见错误

①受试者踩、跨起跑线或抢跑。

②受试者测试完毕后立即坐卧休息，见图 1-17。

图 1-17　测试完立即坐卧休息

(2)评分标准(见表 1-6)

表 1-6　800 米/1000 米跑测试评分标准

等级	大一、大二		大三、大四	
	男(1000 米)	女(800 米)	男(1000 米)	女(800 米)
及格	4′32″	4′34″	4′30″	4′32″
良好	3′42″	3′44″	3′40″	3′42″
优秀	3′27″	3′30″	3′25″	3′28″

七、身体素质指标——引体向上

受试者面向单杠，自然站立；向后摆动双臂，跳起正握杠，双手分开与肩同宽，身体呈直臂悬垂姿势。待身体停止晃动后，两臂同时用力，向上引体，身体无任何附加动作；当下颌超过横杠上缘时，还原呈直臂悬垂姿势，为完成一次。动作要领示范见图 1-18。

图 1-18　引体向上动作要领示范

小贴士

(1)常见错误

①受试者反手握单杠，见图 1-19。

②下颌达不到横杠上缘；引体时，身体有摆动、屈膝、挺腹等动作，见图 1-20 至图 1-22。

图 1-19　反手握单杠

图 1-20　下颌未达横杠上缘

图 1-21　屈膝

图 1-22　身体摆动、挺腹

（2）评分标准（见表 1-7）

表 1-7　引体向上测试评分标准　　单位：个

等级	大一、大二	大三、大四
及格	10	11
良好	15	16
优秀	17	18

八、身体素质指标——一分钟仰卧起坐

受试者仰卧于软垫上，两腿稍分开，脚背放置在末端束脚带下以固定下肢，屈膝，大小腿呈 90 度，两手手指贴于耳侧。测试开始后，受试者收腹使上半身坐起至两肘触及或超过双膝，为完成一次。动作要领示范见图 1-23。

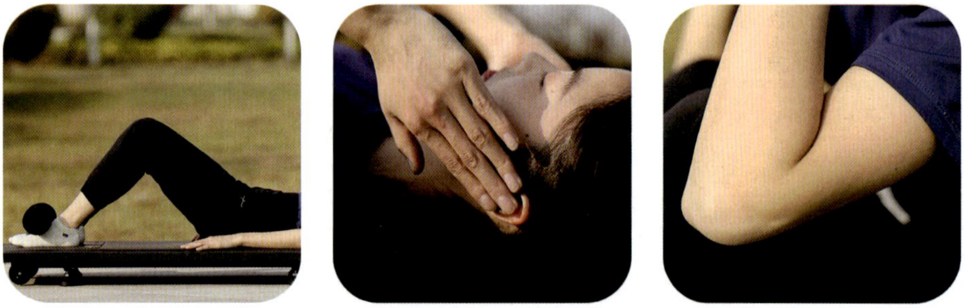

图 1-23　仰卧起坐动作要领示范

小贴士

（1）常见错误

受试者仰卧时两肩胛未触垫、双手抱头、膝关节未屈曲成 90 度、借用肘部撑垫或臀部起落的力量完成起坐，见图 1-24 至 1-27。

图 1-24　肩胛未触垫

图 1-25　双手抱头

图 1-26　肘部借力

图 1-27　臀部借力

（2）评分标准（见表 1-8）

表 1-8　一分钟仰卧起坐测试评分标准　　单位：个

等级	大一、大二	大三、大四
及格	26	27
良好	46	47
优秀	52	53

第二节　功能性动作筛查(FMS)

功能性动作筛查(Functional Movement Screen，FMS)是一种身体功能评价方法，是一种革新性的动作模式评价系统，由 7 个动作构成，可以广泛用于各类人群的基本运动功能评价。该方法通过测试功能性动作、肌肉控制、神经系统稳定等方面的表现来发现受试者身体灵活性与稳定性方面的不足，进而分析受试者在运动过程中潜在的动作补偿问题，从而保证人体动力链系统功能完善，降低运动损伤的发生概率。

一、深蹲

(一)测试目的

评价肩、胸椎、髋、膝和踝关节的双侧对称性、灵活性以及躯干稳定性。

(二)测试方法

(1)受试者两脚分开，与肩同宽，双手以相同间距握测试杆(测试杆与地面平行)。

(2)双臂伸直举杆过顶，慢慢下蹲，尽力保持脚后跟着地。

(3)测试允许试三次，如果还是不能完成这个动作，将测试板垫在运动员的脚跟下再进行以上动作测试。

(三)评分标准

3 分：测试杆在头的正上方；躯干与小腿平行或与地面垂直；下蹲时大腿低于水平线；保持双膝与双脚方向一致(见图 1-28)。

2 分：脚跟下垫上木板之后按照以上要求完成动作(见图 1-29)。

1 分：脚跟下垫上木板之后还不能按要求完成动作(见图 1-30)。

0 分：测试过程中任何时候，受试者感觉身体某部位出现疼痛。

图 1-28　深蹲 3 分动作示范

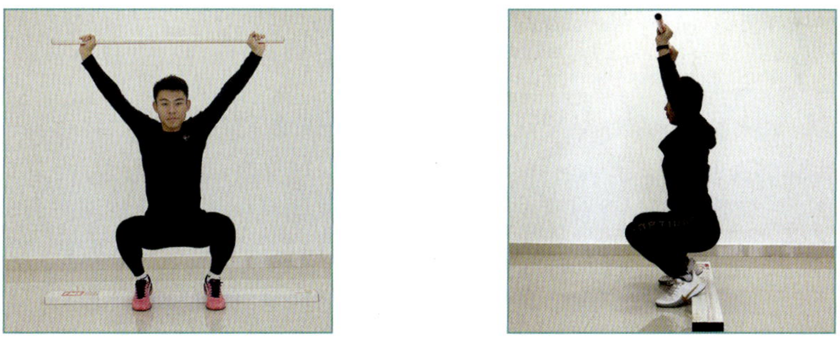

图 1-29　深蹲 2 分动作示范

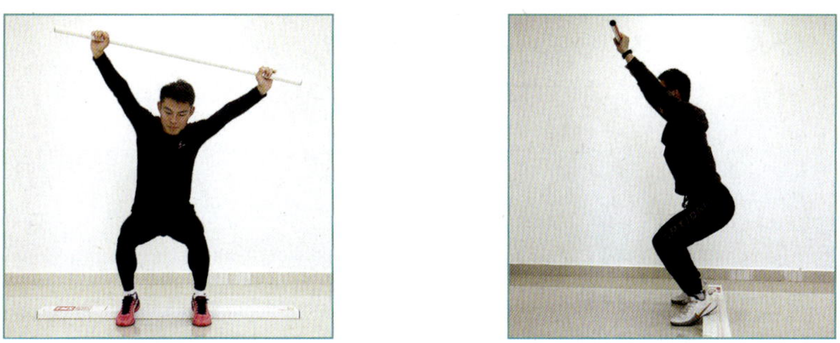

图 1-30　深蹲 1 分动作示范

二、跨栏步

(一)测试目的

评价髋、膝、踝关节的灵活性和稳定性,身体核心部位的控制能力以及身体两侧在运动中的对称性。

(二)测试方法

(1)受试者双脚并拢,脚尖接触测试板。

(2)调整测试绳的高度(与运动员的胫骨粗隆同高),双手握测试杆置于肩上并与地面平行

(3)运动员缓慢抬起一腿跨过栏杆用足跟触地,重心放在支撑腿上并保持身体稳定。

(4)缓慢恢复到起始姿势,受试者有三次机会完成测试。

(5)一侧腿测试完毕,换另一侧腿进行测试,分别记录两侧得分。

(三)评分标准

3 分:髋、膝、踝关节在矢状面内成一条直线;腰部几乎没有明显移动;双手握测试杆保持与地面平行(见图 1-31)。

2 分:髋、膝、踝关节在矢状面上不成一条直线;腰部有移动;双手握测试杆与地面不平行(见图 1-32)。

1 分:脚碰到测试绳;身体失去平衡(见图 1-33)。

0 分:测试过程中任何时候,受试者感觉身体某部位出现疼痛。

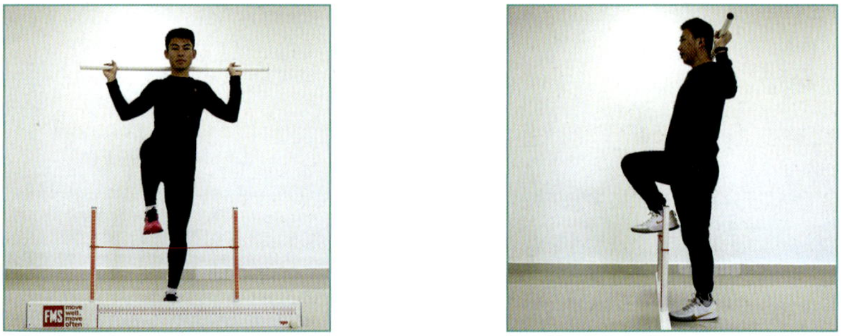

图 1-31　跨栏步 3 分动作示范

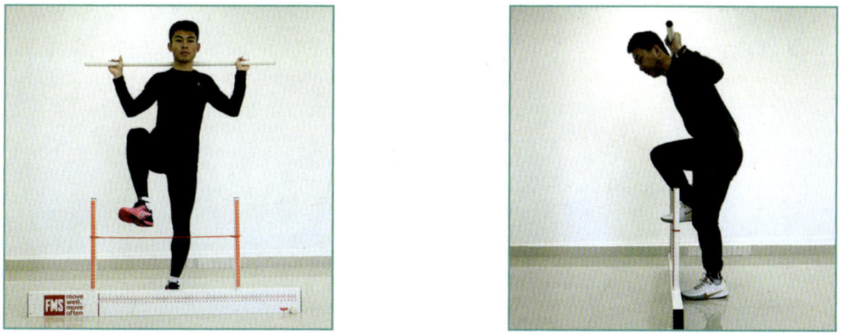

图 1-32　跨栏步 2 分动作示范

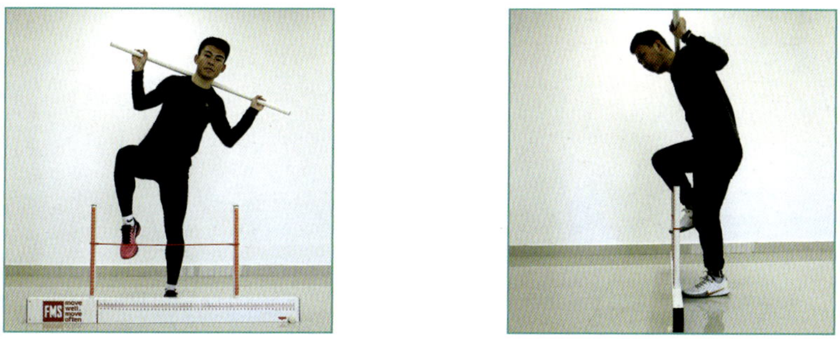

图 1-33　跨栏步 1 分动作示范

三、前后分腿蹲(直线箭步蹲)

(一)测试目的

评价髋、膝、踝关节的灵活性和稳定性以及股四头肌的柔韧性。

(二)测试方法

(1)测量地面至受试者胫骨粗隆的高度。

(2)以右脚为例,受试者左脚踩在测试板的起始线上,将测试杆放在身体后部,左手在上右手在下握住测试杆,测试杆紧贴头部、脊柱和骶骨并垂直于地面。

(3)在测试板上量取与受试者胫骨粗隆高度相同的距离并标记,受试者右脚向前迈出一步,足跟落在标记线上,随后下蹲至后膝接触测试板,双脚始终保持在一条直线上。受试者有三次机会完成测试。

(4)两侧上下肢交换,再次完成测试,记录两侧得分。

(三)评分标准

3 分:躯干基本没有晃动;保持双脚踩在测试板上;后膝接触测试板(见图 1-34)。

2 分:躯干出现晃动;不能保持双脚踩在测试板上;后膝不能接触测试板(见图 1-35)。

1 分:失去平衡(见图 1-36)。

0 分:测试过程中任何时候,受试者感觉身体某部位出现疼痛。

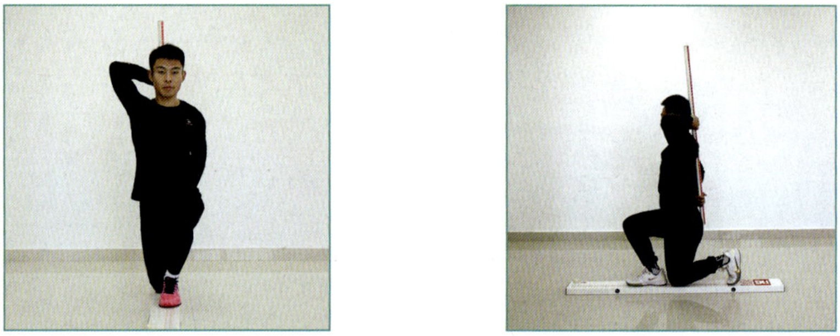

图 1-34　前后分腿蹲 3 分动作示范

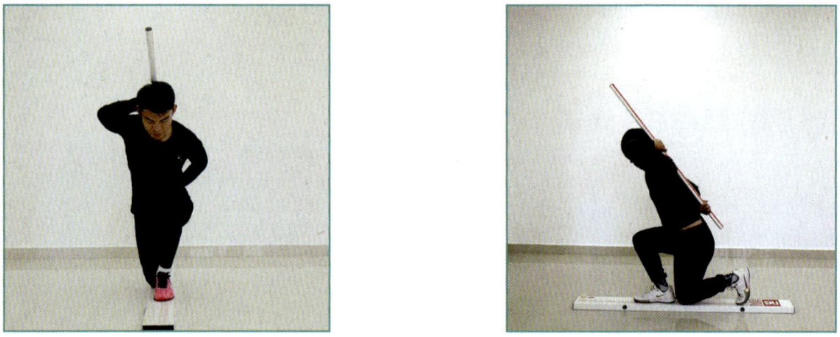

图 1-35　前后分腿蹲 2 分动作示范

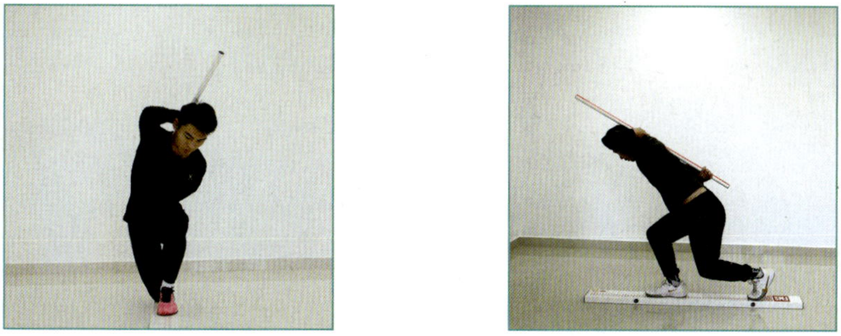

图 1-36 前后分腿蹲 1 分动作示范

四、肩关节灵活性

(一)测试目的

评价双侧肩关节活动范围,一侧肩关节的伸展、内旋和内收与另一侧的屈曲、外旋和外展的能力。

(二)测试方法

(1)测量腕横纹至中指尖之间的距离,即为受试者手的长度。

(2)受试者站立位,一只手握拳由下向上以手背贴后背部,尽力向上够;另一只手握拳由上向下以手掌贴后背部,尽力向下摸;记录两手最近点之间的距离。

(3)上下交换双手位置,重复以上测试,记录两次得分。

(三)评分标准

3 分:上下两手间距离小于一只手长度(见图 1-37)。

2 分:上下两手间距离大于一只手长度、小于 1.5 只手长度(见图 1-38)。

1 分:上下两手间距离大于 1.5 只手长度(见图 1-39)。

0 分:测试过程中任何时候,受试者感觉身体某部位出现疼痛。

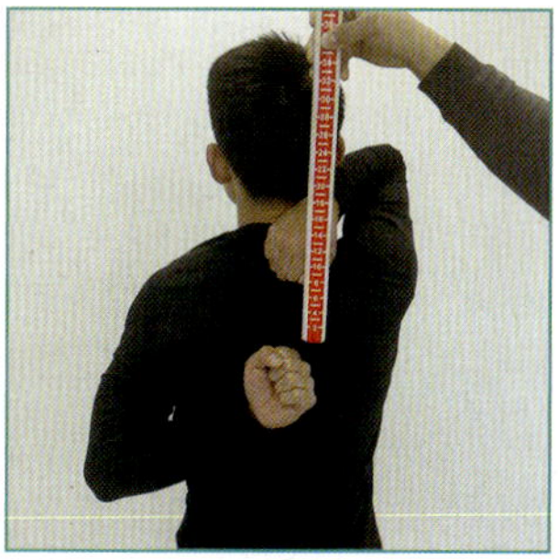

图 1-37 肩关节灵活性 3 分动作示范

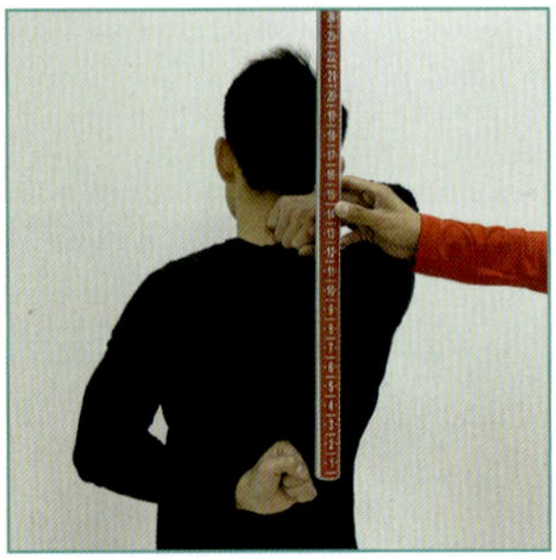

图 1-38　肩关节灵活性 2 分动作示范

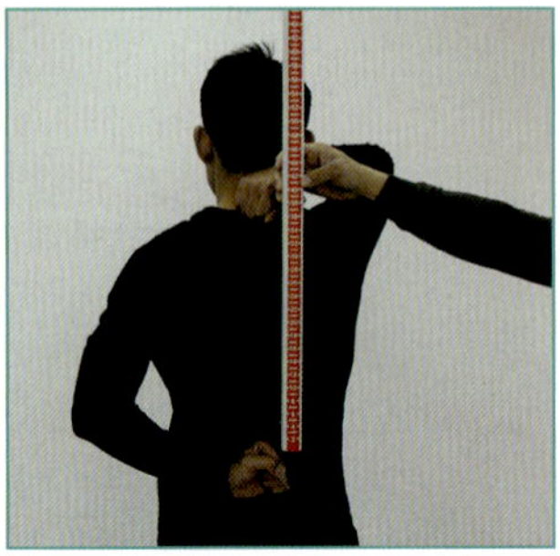

图 1-39　肩关节灵活性 1 分动作示范

(四)排除性检查

(1)测试目的:检测肩部的疼痛隐患。

(2)测试方法(见图 1-40):

①受试者身体自然站立,将一侧手放到对侧肩上。

②保持手掌与肩的接触,尽可能地高抬肘关节。

(3)评分标准:如果出现疼痛,肩部灵活性测试得 0 分。

图 1-40　肩关节灵活性排除性检查示范

五、仰卧主动直膝抬腿

(一)测试目的

评价骨盆的稳定性和大腿后部肌群、小腿肌群的主动柔韧性。

(二)测试方法

(1)受试者仰卧,双手置于身体两侧,掌心向下,一侧膝关节下放置测试板。

(2)另一侧腿主动上抬，脚踝背屈，膝关节伸直。

(3)保持身体平直，下方腿始终与测试板接触；将测试杆放在踝关节中央并自然下垂，观察测试杆位于下方腿的位置。

(4)一侧腿测试完毕，换另一侧腿进行测试，分别记录两次得分。

(三)评分标准

3 分：测试杆位于大腿中点上方(见图 1-41)。

2 分：测试杆位于大腿中点与膝关节之间(见图 1-42)。

1 分：测试杆位于膝关节下方(见图 1-43)。

0 分：测试过程中任何时候，受试者感觉身体某部位出现疼痛。

图 1-41 仰卧主动直膝抬腿 3 分动作示范

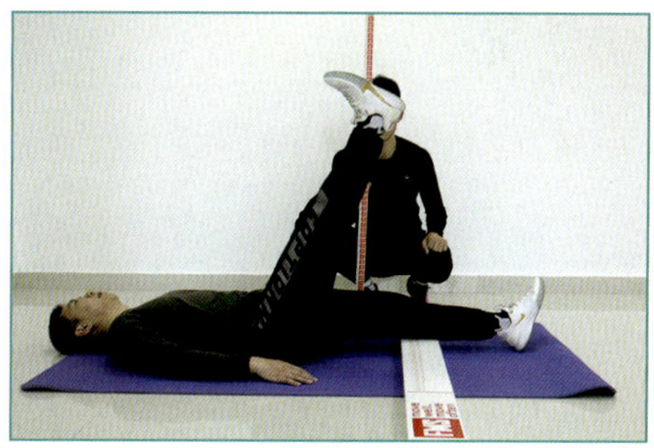

图 1-42 仰卧主动直膝抬腿 2 分动作示范

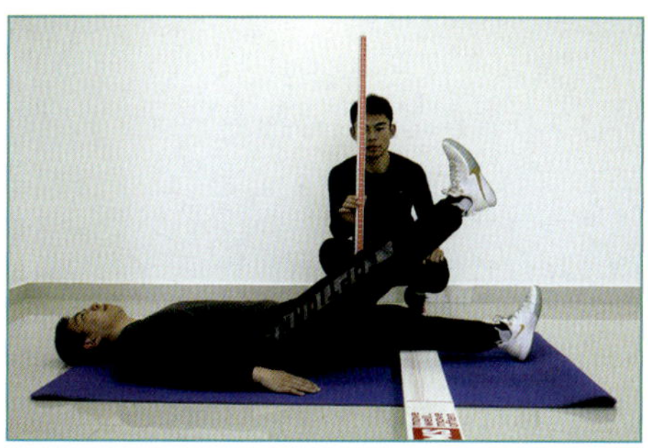

图 1-43 仰卧主动直膝抬腿 1 分动作示范

六、躯干稳定性俯卧撑

(一)测试目的

评价脊柱的稳定性、双侧对称性和肩带的稳定性。

（二）测试方法

（1）受试者俯卧，两手与肩同宽撑地，腰椎保持自然伸直姿势。

（2）男性受试者双手位置与头顶平行，女性受试者与下颌平行，身体各部位同时撑起，腰椎始终保持自然伸直姿势。

（3）男性受试者如果不能完成此动作，可以将双手放在与下颌平行位置，再完成一次动作；女性受试者如果不能完成此动作，可以将双手放在与肩部平行位置，再完成一次动作。

（三）评分标准

3 分：标准俯卧姿势完成动作；全过程保持腰椎自然伸直姿势（见图 1-44）。

2 分：降低难度完成动作，全过程保持腰椎自然伸直姿势（见图 1-45）。

1 分：不能按照要求完成动作（见图 1-46）。

0 分：测试过程中任何时候，受试者感觉身体某部位出现疼痛。

图 1-44　躯干稳定性俯卧撑 3 分动作示范

图 1-45　躯干稳定性俯卧撑 2 分动作示范

图 1-46　躯干稳定性俯卧撑 1 分动作示范

（四）排除性检查

（1）测试目的：检测躯干的疼痛隐患。

（2）测试方法（见图 1-47）：

①身体俯卧，贴紧地面，双手掌心向下接触地面。

②双手缓慢撑起上体，使脊柱充分伸展。

（3）评分标准：如果出现疼痛，躯干稳定性俯卧撑测试得 0 分。

图 1-47 躯干稳定性俯卧撑排除性检查示范

七、旋转稳定性

（一）测试目的

评价上下肢在联合动作中，骨盆、核心区和肩带在多个平面上的稳定性。

（二）测试方法

（1）受试者俯身跪于垫子上，腰椎保持自然伸直；在双手与双膝之间放置测试板并接触。

（2）受试者抬起同侧手和腿，使身体保持在同一个水平面内，保持腰椎自然伸直。

（3）受试者的肘与膝在平面内屈曲靠拢并接触，然后恢复起始姿势。

（4）受试者可以尝试三次来完成测试动作；如果受试者不能完成同侧动作，可以通过同时上抬对侧肢体的方式（成对角线）完成测试动作。

（5）测试完成后交换对侧肢体进行相同动作测试，分别记录两侧得分。

(三)评分标准

3 分:受试者能以同侧肢体上抬方式完成标准测试动作,同时保持腰椎自然伸直姿势,躯干与地面平行,肘膝与测试板边线在同一平面内(见图 1-48)。

2 分:受试者能以对侧肢体上抬方式完成标准测试动作,同时保持腰椎自然伸直姿势,躯干与地面平行,肘膝与测试板边线在同一平面内(见图 1-49)。

1 分:受试者不能以对侧肢体上抬方式完成标准测试动作(见图 1-50)。

0 分:测试过程中任何时候,受试者感觉身体某部位出现疼痛。

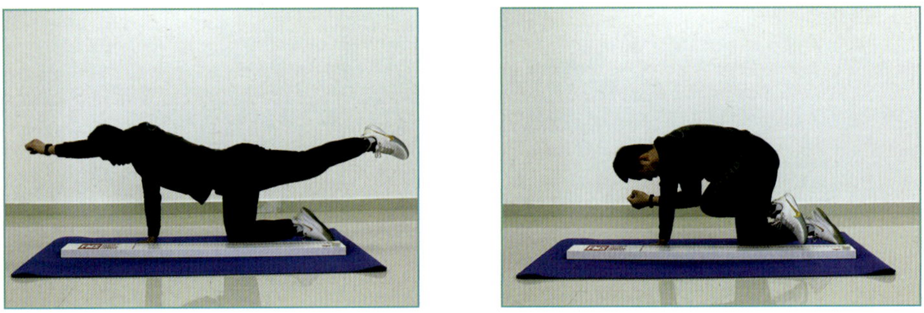

图 1-48　旋转稳定性 3 分动作示范

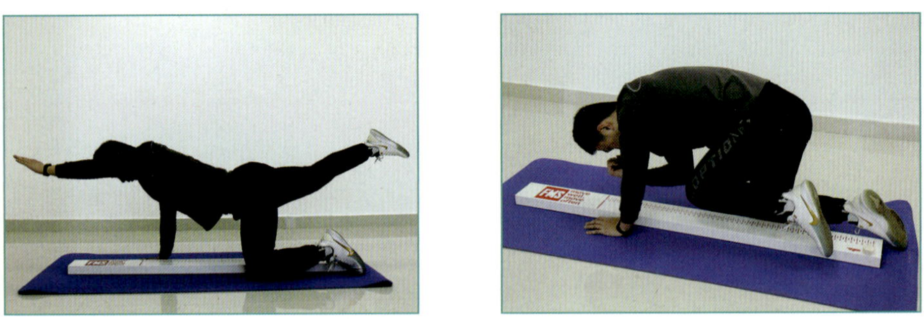

图 1-49　旋转稳定性 2 分动作示范

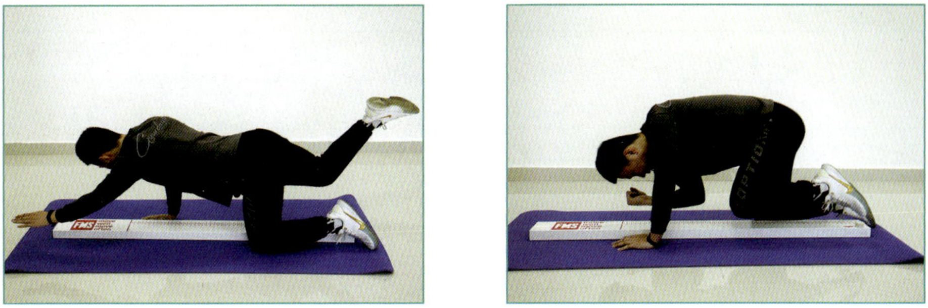

图 1-50 旋转稳定性 1 分动作示范

(四)排除性检查

(1)测试目的:检测躯干的疼痛隐患。

(2)测试方法:受试者从四点支持姿势开始,后移上体,使臀部接触脚跟,胸部接触大腿,双手尽量向前方伸出(见图 1-51)。

(3)评分标准:如果出现疼痛,转动稳定性测试得 0 分。

图 1-51 旋转稳定性排除性检查示范

本章作业

1.熟记体质健康测试规范动作要领及得分标准,并避免在测试中出现上述问题。

2.按国家学生体质健康测试规范动作要领进行测试,并记录测试成绩。

3.按 FMS 测试要领进行测试,并记录测试成绩。FMS 诊断记录表见表 1-9。

表 1-9　FMS 诊断记录表

	测试		原始分数	最终分数	备注
1	深蹲				
2	跨栏步	左			
		右			
3	前后分腿蹲	左			
		右			
4	肩关节灵活性	左			
		右			
	排除性测试	左			
		右			
5	仰卧主动直膝抬腿	左			
		右			
6	躯干稳定性俯卧撑	左			
		右			
	排除性测试				
7	旋转稳定性	左			
		右			
	排除性测试				
总分					

4.掌握 FMS 规范动作要领及得分标准，初步掌握测试其他同学的能力。

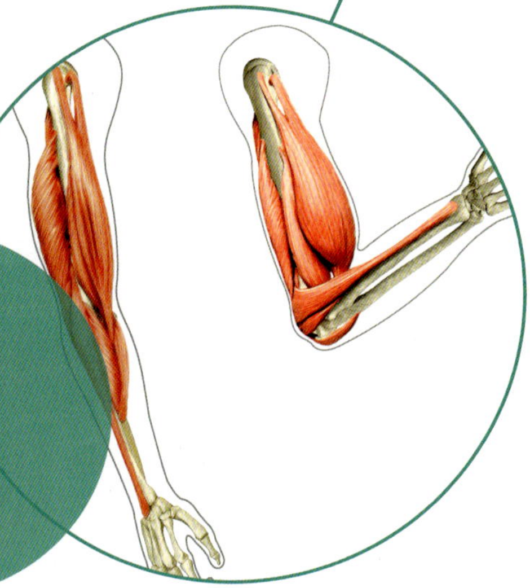

第二章
运动健身的科学原理

人体的运动表面上是四肢和躯干在不同解剖面上的屈曲、伸展、内旋、外旋等动作形式的组合，实际上是肌肉消耗能量收缩牵拉骨骼绕关节的运动。在运动过程中，身体能量消耗显著增加，供能物质大量分解提供能量，因此在运动的不同时期进行针对性的营养补充，可以保证运动中机体的能量需求，维持运动能力，预防运动疲劳。本章就运动的生物学基础以及营养学基础进行介绍。

第一节　运动的生物学基础

人体共有 600 多块骨骼肌和 200 多块骨骼。骨骼肌附着在骨骼上，在骨骼肌周围有一些协助肌肉活动的结构，主要包括筋膜、腱鞘、滑液囊、仔骨和滑车等。当骨骼肌收缩时，所附着的骨骼也随之移动，产生身体的位移，即运动。

一、肌肉收缩的不同形式

(1)向心收缩：肌肉收缩时，长度缩短，起止点相互靠近。

(2)离心收缩：肌肉收缩时，长度变长，起止点相互分离。

(3)等长收缩：肌肉收缩时，长度不变。

以上三种肌肉收缩形式见图 2-1。

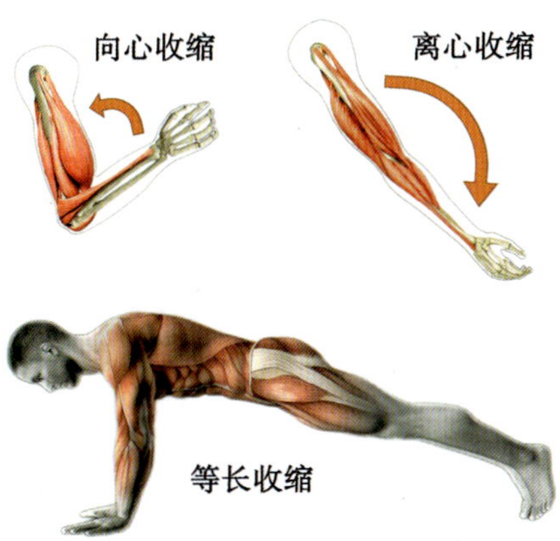

图 2-1　肌肉收缩形式

二、常见动作

(1)向心收缩：肱二头肌弯举的上举阶段、挥臂扣球、仰卧起坐等。

(2)等长收缩：试图拉起不能拉起的杠铃等。

(3)离心收缩：下蹲、放重物、下楼梯等。

三、三大供能系统

（1）磷酸原供能系统：又称“ATP-CP 系统”。该系统由肌肉中储存的磷酸肌酸（CP）快速合成腺苷三磷酸（ATP），是极量运动的能量来源，虽然供能仅仅能维持 6～8 秒的时间，但却是不可替代的快速能源。

（2）糖酵解供能系统：又称“乳酸能系统”。该系统由肌肉中储存的肌糖原或血液中的葡萄糖在无氧条件下酵解，释放能量，生成乳酸，是亚极量运动的重要能量来源，输出功率为磷酸原系统的一半，在运动到 30～60 秒时供能速率达到最大，能维持 2～3 分钟。

（3）有氧氧化供能系统：有氧氧化系统通过糖和脂肪在氧供充分时的氧化分解提供能量，最大输出功率只有糖酵解系统的一半，但贮备量丰富，能够维持长时间的运动，糖供能可达 1.5～2 小时，脂肪可供能更长时间。

四、常见运动的供能系统

（1）磷酸原系统：立定跳远、纵跳、投掷、100 米跑、高尔夫等。

（2）糖酵解系统：400 米跑、100～200 米游泳、短距离速滑、摔跤、柔道、拳击等。

（3）有氧氧化系统：马拉松、竞走等。

第二节　运动的营养学基础

人体需要的营养素总共有七大类，但运动中能够提供能量的只有糖、脂肪和蛋白质，人体能量来源的 55％～60％来自糖，25％～30％来自脂肪，12％～15％来自蛋白质。在竞技体育和大众健身领域，不同运动项目、运动环境和运动目的的运动营养学原理是不同的。根据不同运动项目的不同营养需求特点，进行合理的营养补充，注重运动前、中、后的补水补液，可以使健身锻炼更加安全高效。

一、不同项目的营养特点

(1)力量型项目:力量项目运动对糖和蛋白质的需求量较高,膳食中要提高蛋白质的摄入比例,为肌肉合成提供充足的原料;同时保证糖的摄入,为肌肉合成提供能量。

(2)耐力型项目:耐力项目运动对糖的需求量更高,膳食中要大幅提高糖的摄入比例,增加体内糖储备,30 分钟以上的耐力运动会加速蛋白质的分解,在增加糖摄入的同时还要补充足够的优质蛋白质,以更好地维持肌肉质量。

二、不同环境的营养特点

(1)高温高湿环境:高温高湿环境下运动会加速身体肌糖原的消耗以及水、矿物质的流失,所以运动前膳食要注重糖和矿物质的摄入,运动中要注重糖、水和矿物质的补充。

(2)冷环境:冷环境中运动会进一步加快身体能量消耗,膳食要注意提高总能量摄入,在保证高比例糖摄入的同时,要增加脂肪摄入量,但不宜超过 35%;同时增加蛋白质摄入,注重水溶性维生素和微量元素的补充。

三、不同人群的营养特点

(1)减肥人群:膳食要控制总热量摄入,使能量摄入小于能量消耗,建议热量摄入控制在 1500～2000 千卡,也就是正常人群需要量的 80%左右,在均衡营养素组成的前提下,平时饮食要适当提高蛋白质摄入比例,降低脂肪的摄入比例,尤其是饱和脂肪酸。

(2)增肌人群:每净增长 1 千克肌肉,需要额外多摄入大约 2500 千卡热量,因此,增肌膳食要提高总能量摄入,保证肌肉生长需要的能量,饮食中要提高糖的摄入比例,增加蛋白质的摄入,降低脂肪摄入。

四、糖、脂肪、蛋白质在运动中的应用

（一）糖在运动中的应用

糖是运动中最主要的供能物质。任何运动的起始和加速阶段都要利用糖供能。运动强度低时，糖氧化供能比例较小，主要靠脂肪氧化供能；随着运动强度的提高，糖供能比例提高，以中等强度持续运动时糖与脂肪氧化比例相当；高强度持续性运动中，主要靠肌糖原无氧分解供能。

小贴士

（1）人体糖储备：人体内糖储量大约500克，其中肌糖原约350克，肝糖原约90克，血糖约5克，运动员较普通人群略高。

（2）糖缺乏的表现：出现运动性低血糖。

（3）富含糖的食物：白米饭、土豆、馒头、面条、饼干、红薯、玉米、蜂蜜等。

人体糖储备情况见表2-1。

表2-1　人体糖储备

	重量（克）	能量（千卡）
肌糖原	350	1400
肝糖原	90	360
血糖	5	20
总计	445	1780

（二）脂肪在运动中的应用

脂肪只能在有氧条件下通过有氧氧化途径氧化分解提供能量。在低强度运动中，脂肪受到强烈刺激，释放入血的游离脂肪酸成为骨骼肌的首选燃料，脂肪氧化供能比例最高可达80%。随着运动强度的提高，脂肪氧化供能比例逐渐下降，当

运动强度超过85%最大摄氧量时，脂肪氧化大幅下降。但在65%最大摄氧量强度运动时，脂肪氧化速率达到最大。因此，中等强度有氧运动是减肥最常用的运动策略。

小贴士

(1)膳食补充：人体自身不能合成的必需脂肪酸要通过膳食摄入。提倡膳食摄入的饱和脂肪酸、单不饱和脂肪酸与多不饱和脂肪酸的比例应≤1∶1∶1。

(2)富含不饱和脂肪酸的食物：橄榄油、亚麻籽油、深海鱼油、牛油果、各种坚果。

(三)蛋白质在运动中的应用

蛋白质是生命的物质基础，是组成一切细胞和组织的重要成分。短时间的运动中，蛋白质几乎不参与氧化供能，但长时间的耐力运动中，蛋白质分解供能比例高达10%～15%。在空腹和糖储备不足的情况下运动，蛋白质也会参与供能。增加膳食中糖的摄入，使肌肉和肝脏内糖原维持在较高的水平可在运动中节约蛋白质。

小贴士

(1)蛋白质缺乏的表现：机体免疫力下降，容易疲劳、脱发，严重者出现水肿。

(2)富含优质蛋白质的食物：鸡蛋、海鱼、虾、牛肉、鸡肉(去皮)、豆制品、奶酪等。

五、运动前、中、后的营养补充

(一)不同运动强度的营养补充

(1)低强度、低负荷运动如太极拳、柔力球、八段锦等运动，推荐糖的摄入量为每天3～5克/千克体重。

(2)中高强度、不同负荷运动如足球、篮球、马拉松、越野跑、铁人三项等运动按照以下原则进行糖补充:1 小时以下中等负荷的运动推荐糖摄入量为每天 6～10 克/千克体重;1～3 小时高负荷量的耐力运动推荐糖摄入量为每天 6～10 克/千克体重;4 小时以上极高负荷量的运动推荐糖摄入量为每天 8～12 克/千克体重。

小贴士

(1)血糖指数(GI)指某种食物升高血糖效应与标准食品(通常为葡萄糖)升高血糖效应之比。常见食物的血糖指数见表 2-2。

表 2-2　常见食物的血糖指数

高 GI	中 GI	低 GI
葡萄糖 100	蔗糖 65	巧克力 49
白面包 88	小米粥 62	苹果 36
西瓜 72	白粥 69	牛奶 28
蜂蜜 73	香蕉 62	果糖 23
煮面条 82	糙米 59	桃子 28

(2)高血糖指数食物消化、吸收、升血糖快,血糖峰值高。常见的葡萄糖 GI 为 100,西瓜 GI 为 72,均属于高 GI 食物。

(二)锻炼前的营养补充

(1)糖:理论上选择能量密度高、GI 值低的糖类,但也要考虑个体的饮食偏好,不建议摄入富含膳食纤维的粗粮,易造成运动前胃肠道不适。

(2)蛋白质:可选择含优质蛋白质的鸡肉、虾、海鱼、鸡蛋等。

(3)脂肪:选择健康油脂,选用橄榄油、菜籽油、大豆油等,或多食用富含不饱和脂肪酸的鱼类,如三文鱼、秋刀鱼、鳗鱼、沙丁鱼、鲭鱼等。

小贴士

(1)低强度运动时蛋白质摄入：

青少年推荐 1.6～2 克/千克体重，成年人推荐 0.8～1.2 克/千克体重。

增肌人群推荐 1.6～2 克/千克体重，减脂人群推荐 1.2 克/千克体重。

(2)营养补充时间：锻炼前的一餐通常安排在锻炼前 1～3 小时，保证锻炼时胃基本排空，血糖稳定，体内有充足的糖原储备。

(三)锻炼中的营养补充

(1)低负荷运动：基本不需要额外补充能量，但若空腹锻炼且饥饿感明显，应在运动中补糖，以流食或软固体类为主。

(2)长时间耐力运动：运动中要注重补糖，不但可以节约肌糖原、提高耐力，还可以预防皮质醇激素升高，降低蛋白质分解。

小贴士

运动中的营养补充主要以补糖和补液为主，在空腹状态下短时间的低负荷运动中补糖可以选择运动饮料或香蕉、甜点，软固体类更好；在长时间的耐力运动中补糖以运动饮料为最佳选择，后期可以选择凝胶类或香蕉、甜点。

(四)锻炼后的营养补充

大负荷、高强度锻炼结束后要及时合理补充营养，让身体在代谢敏感期内快速恢复肌糖原储备，恢复体能。

锻炼刚结束时，肌肉细胞对胰岛素的敏感性非常高，随着时间延长，敏感性下降。锻炼结束后 45 分钟以内同时补充糖和蛋白质效果最好，90 分钟以内可以吃高 GI 食物，如面条，蛋白质选择含优质蛋白质的牛肉、鸡蛋、鱼、豆制品等。

小贴士

运动后45分钟内肌肉代谢最为敏感，可以用含糖饮料配合蛋白粉进行营养补充，二者比例在3∶1到4∶1之间效果最佳，也可以选择蜂蜜水、蛋糕等食物。

六、运动前、中、后补水、补电解质

（一）水及电解质

（1）电解质的作用：溶解在水中的 Na^+、K^+、Cl^- 等在维持细胞内外液渗透压平衡、水平衡和酸碱平衡中起着重要作用，并与神经肌肉兴奋性有关。

（2）缺水表现：失水2%时，会感到口渴；失水4%时，会严重口渴、体温升高、心跳加快、血压下降，容易疲劳，运动能力下降；失水6%及以上时，会呼吸急促、意识崩溃、休克、癫痫、昏迷甚至死亡，需要及时补水纠正。

小贴士

如何确定自己身体是否缺水？

最简单的方法就是观察尿液的颜色，理想的状态是浅黄色。尿液颜色深，说明机体水合状态不良，缺水（见图2-2）。

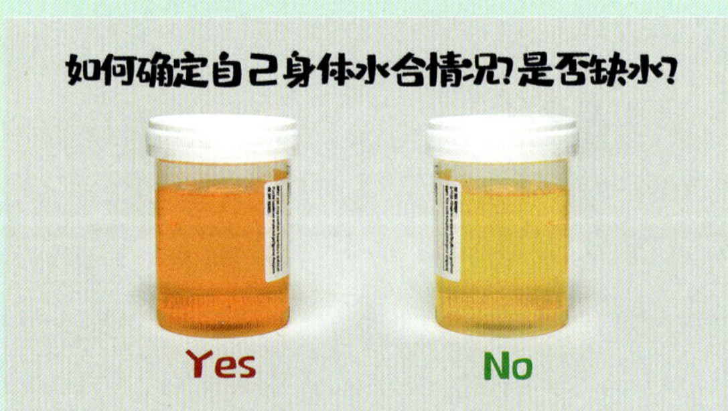

图2-2　如何判断身体水合情况

（二）补液基本原则

(1)锻炼前：锻炼前一餐按照5～7毫升/千克体重补充水，提高机体水合状态，通过蔬菜、牛奶等补充钙、镁、钾等矿物质，提高机体碱储备。炎热环境下可以在锻炼开始前15～20分钟补充300～400毫升水。

(2)锻炼中：运动时间不超过60分钟，补充纯水即可；运动时间长于60分钟，应补充含有电解质的运动饮料，一般每15～20分钟补充150～300毫升。

(3)锻炼后：按照丢失体重适量补水和电解质，可以与补糖一起，因此选择专业的运动饮料更好，按照丢失水分的150%补充。

小贴士

如何计算失水量？

补水、补液一般建议按照失水量的150%进行。可以通过称量锻炼前、中、后的体重简单计算失水量，丢失的体重主要是水的重量。

本章作业

1.了解运动的生物学原理，并能根据所学原理分析日常锻炼中应用到的运动生物学原理。

2.掌握运动的营养学原理，并能根据所学的运动营养学基础知识制定马拉松运动员赛前、赛中和赛后营养补充计划。

3.掌握长时间运动后补水、补液的原则。

4.掌握三大供能系统及其供能特点。

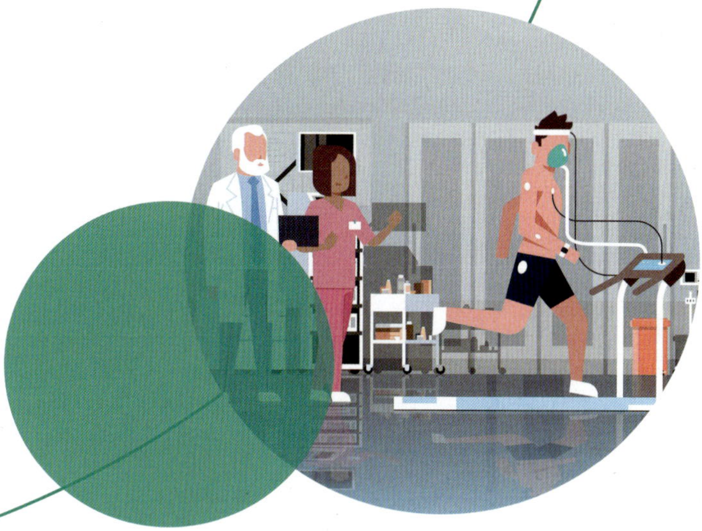

第三章
运动处方

《“健康中国 2030”规划纲要》明确要求：建立完善针对不同人群、不同环境、不同身体状况的运动处方库，推动形成体医结合的疾病管理与健康服务模式，发挥全民科学健身在健康促进、慢性疾病预防和康复等方面的积极作用。可见，研究和制定适合中国人体质特征的运动处方，满足人民群众日益增长的科学健身、防病、治病需求，是新时代我国体育科学研究与科技创新的新方向和新任务。随着全民健身的深入发展，无论是临床医学、健康管理、康复医学还是科学健身指导，对运动处方的需求都日益增加，因此，加强运动处方相关的教学与培训已经成为当前全民健身领域的重要工作。

通过本章内容的学习，我们将了解运动处方的概念、运动处方的要素、运动处方的分类、制定运动处方的基本流程等。

第一节　运动处方概述

一、运动处方的概念

1969年，世界卫生组织（WHO）开始使用运动处方这一术语。运动处方是指由运动处方师、运动健康指导师、康复医师、康复治疗师、社会体育指导员和临床医生等专业人员依据参加体育活动者的年龄、性别、个人健康信息、医学检查结果、体育活动的经历以及心肺耐力等体质测试结果，根据健身目的，以处方的形式制定的系统化、个性化的体育活动指导方案。

二、运动处方的要素

运动处方的要素可总结为FITT-VP原则，基本要素分别是：

（1）运动频率（每周运动的次数，frequency，“F”）。

（2）运动强度（费力程度，intensity，“I”）。

（3）运动方式（运动类型，type，“T”）。

（4）运动时间（每次或每周运动的时间，time，“T”）。

（5）总运动量或能量消耗目标（由运动频率、运动强度和运动时间组成，volume，“V”）。

（6）运动处方实施进程（progression，“P”）。

此外，在运动处方中还应明确运动的目的、运动中的注意事项及医务监督力度。在实施过程中应注意观察体育活动者的反应和健身效果，及时调整运动处方。

三、运动处方的分类

随着运动处方应用的不断扩大，运动处方分类的方法也在不断改进。采用不同的方法，可将运动处方分为不同的种类：根据锻炼人群，可以分为健身性运动处方、慢性疾病预防性运动处方和康复性运动处方；根据锻炼目的，可以分为心肺耐力运动处方、力量运动处方、柔韧性运动处方。

（一）根据锻炼人群分类

1.健身性运动处方

健身性运动处方的主要目的是指导锻炼者根据自己的实际情况，采取适当的体育活动进行科学锻炼，以安全有效地提高健康水平、提高机能状态、提高体质健康水平，预防如高血压、血脂异常、高血糖、肥胖症等疾病的发生，实现零级预防的目的。健身性运动处方广泛适用于学校、社区、健身机构、疗养院、科研机构等场所。

2.慢性疾病预防性运动处方

慢性疾病预防性运动处方针对有不同心血管疾病危险因素的锻炼者，如高血压前期或早期、血脂异常、糖尿病前期或早期、轻度肥胖症的锻炼者，制定个体化的运动处方，主要目的是预防心血管疾病的发生，实现一级预防的目的。慢性疾病预防性运动处方主要用于学校、社区、健身机构、健康管理机构、疗养院、科研机构等场所。

3.康复性运动处方

康复性运动处方的对象是经过临床治疗基本痊愈，但尚遗留有不同程度身体机能下降或功能障碍的患者，如冠心病、脑卒中、手术后患者及已经得到一定控制的如高血压、血脂异常、糖尿病、肥胖症等慢性疾病患者。这类运动处方的目的是，通过运动疗法帮助患者提高身体功能，缓解症状，减轻或消除功能障碍，预防疾病加重或者出现并发症，减少疾病的危害。通过运动处方的实施可以防止伤残、促进功能恢复，尽量提高患者的生活自理和工作能力，提高生命质量，延长寿命，减低病死率，实现二级和三级预防的目的。康复性运动处方主要用于综合医院的康复科、康复医疗机构、健康管理机构，也用于社区康复工作中。

（二）根据锻炼目的分类

1.心肺耐力运动处方

以提高心肺耐力为主要目标，在《全民健身计划》实行的过程中，心肺耐力运动处方被用于科学健身指导，以提高锻炼者的心肺耐力，维持合理的身体成分，改善代谢状态，缓解或配合药物治疗高血压、血脂异常、糖尿病等疾病，预防动脉粥样硬化性疾病的发生。

2.力量运动处方

力量运动处方主要的作用是提高肌肉力量、肌肉耐力和爆发力。肌肉力量的增加可以降低心血管疾病的发病率和全因死亡率。

3.柔韧性运动处方

柔韧性运动处方的作用是根据个体化的训练目标来提高关节活动幅度，可以提高韧带的稳定性和平衡性，特别是与抗阻训练结合时；规律的柔韧性练习还可以减少锻炼者的肌肉韧带损伤，预防腰痛，缓解肌肉酸痛。

第二节　运动处方的制定

制定运动处方共包括9个基本流程，分别为健康筛查、医学检查、运动风险评估、运动测试、制定运动处方、过程监控与微调整、效果评估、根据评估结果调整运动处方、运动处方实施一段时间后的再评估和再调整（见图3-1）。

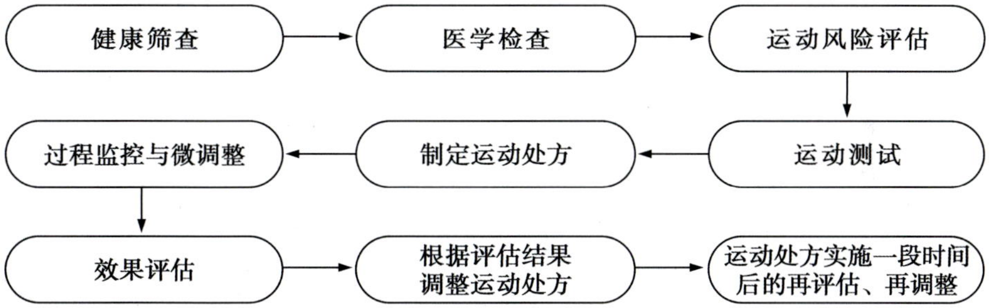

图3-1　运动处方制定流程

一、健康筛查

运动对于包括病人在内的大多数人而言都是安全的，可以让个体的健康和体质水平明显提高，但是运动也不可避免会有一些风险。为保证运动的安全性和有效性，运动前，一定要对拟参加运动的人员进行健康筛查。

运动前健康筛查的目的包括：

（1）确定个体的医学禁忌证，排除有运动禁忌证的人群。

（2）在运动计划开始或增加运动频率、运动强度时，选择能够完成医学评价或运动测试的个体。

(3)增强运动测试、运动中的安全性。

(4)制定、实施一个安全有效的运动处方。

运动前健康筛查的内容主要包括问卷调查,症状、体征调查,用药史及生活习惯调查,心血管疾病危险因素筛查等。

(一)问卷调查

常用的健康筛查文件主要有体力活动准备问卷(PAR-Q)和美国心脏病学会(AHA)、美国运动医学学会(ACSM)联合制定的健康体质机构问卷等。

体适能 PAR-Q 问卷

填表日期:________年____月____日

检测日期:________年____月____日

姓名:______ 性别:□男 □女 年龄:___岁 生日:____年____月____日

对多数人来说,体能活动不会构成问题或危机。PAR-Q 的设计,是为了识别那些少数不适宜参与体能活动或是需经医生建议才能参与身体活动的人群。

请仔细阅读以下问题,并在题号前选择“是”或“否”。

是 否

□ □1.医生是否说过您的心脏有问题,且仅能进行医生建议的体能活动?

□ □2.当您进行体力活动时是否感觉胸痛?

□ □3.自上个月来,您是否在没有体力活动的时候有胸痛?

□ □4.您是否因为头晕而跌倒或失去知觉?

□ □5.您是否因为体力活动变化而加重骨或关节问题?

□ □6.近来医生是否有开血压或心脏药物给您服用?

□ □7.您是否有其他原因不能进行体力活动?

如果您的回答是：

一条或以上答“是”：

· 参加体适能检测前，需请教医师有关问卷上的疾病或症状是否适合参加体适能检测。

· 您或许可以进行身体活动，但需在开始时慢慢进行，先从事轻微的活动，再逐渐增加负荷；或只能从事一些较安全的身体活动，需请教医师建议。

· 找出一些安全有益的社区健康活动。

全部答“否”：

· 可以开始体适能测试，但开始时要慢慢来，先从事适度和轻度的测试项目，再逐渐增加难度，参加体适能检测，以了解体适能状况。

· 测试前建议先量血压，如果超过144/94mmHg，从事检测之前，请先请教医生的建议。如果身体不适或生病（像感冒或发烧），要延迟运动或体能检测。

（二）症状、体征调查

该项目主要调查运动前个体心血管、肺部或代谢性疾病引起的主要症状或体征，如胸痛、气短、脚踝水肿、头晕眼花、晕厥、间歇性跛行、心悸或心慌感、心脏杂音等。

（三）用药史及生活习惯调查

该项目主要了解运动处方对象目前正在服用的药物、保健品，尤其要注意用于治疗心脏病、高血压病的常用药物；主要了解运动处方对象对某种药物、食物、花粉、冷空气等是否过敏，其经常从事何种运动项目及其类型、时间、强度、频率等，是否属于静坐少动的人群；调查运动处方对象有无饮酒、吸烟、大量服用咖啡、吸食毒品或其他违禁药物等不良的嗜好。

（四）心血管疾病危险因素筛查

该项目是通过有资质、专业的健康管理人员或运动医学专业人员确定个体是否存在心血管疾病（CVD）危险因素。CVD危险因素主要包括年龄、家族史、吸烟史、肥胖、高血压、糖代谢异常、脂代谢异常、静坐少动的生活方式等。

二、医学检查

通过有资质、专业的健康管理人员或相关专业医生对运动处方对象进行全面的医学检查，主要包括病史检查、体格检查、实验室检查，以便发现不适合运动的医学问题。

病史检查主要是通过内科医生或其他有资质的健康管理专业人员对运动处方对象进行病史询问和医学诊断，包括心血管疾病、外周血管疾病、肺部疾病、脑血管疾病、血液系统疾病、癌症、家族史以及其他健康问题等。

体格检查的重点是心血管系统、呼吸系统、骨骼肌肉系统和神经系统，主要包括体重、血压、心率、肺部听诊、心脏听诊、腹部检查、下肢检查、皮肤检查、骨关节检查和神经功能检查。

实验室检查是指对被检查者的血液、体液、骨髓、排泄物和分泌物等标本进行检测，以获取机体相关器官的功能状态，评价其有无病理变化。检查指标主要包括血常规、尿常规、血脂、血糖、心电图、肝功能、肾功能等。

三、运动风险评估

根据运动风险事件所造成的机体损害部位和程度，可将运动风险分为运动性心血管疾病风险、运动性损伤风险和运动性病症风险三类。

（一）运动性心血管疾病风险评估

运动性心血管疾病风险评估是运动性风险评估的主要内容。评估的核心内容是运动前的健康筛查和运动测试，即根据运动个体在运动前的健康筛查和运动测试的结果，评估其在运动过程中可能存在的风险因素及风险等级。

（二）运动性损伤风险评估

运动性损伤风险评估的方法大致可分为健体质评估（肌肉力量、肌肉耐力、柔韧性）和功能性动作筛查等。

肌肉力量、肌肉耐力和柔韧性水平低是导致运动性损伤发生的直接诱因。在运动性损伤风险评估中，应对运动个体的肌肉力量、肌肉耐力和柔韧性进行综合评价。

(1)肌肉力量的评价。通常采用1RM(在正确姿势和全关节活动范围内,一次所能完成的最大阻力值)来评价肌肉力量。

(2)肌肉耐力的评价。肌肉耐力是某肌肉群在一定时间内完成重复收缩至肌肉充分疲劳的能力或保持1RM特定百分比的持续时间。

(3)肌肉柔韧性的评价。评价柔韧性的方法有坐位体前屈、坐椅前伸试验、双手背勾试验等,常用的指标是关节活动度(ROM)。

(4)功能性动作筛查(FMS)。FMS是观察人体功能动作模式的一种方法,是一种动作的评分评级工具,其目的是控制运动风险,避免运动损伤。FMS通过观察7个基本动作的完成质量来对受试者进行打分,以发现受试者基础动作上的薄弱环节或不对称的地方(详见第一章第二节)。由于这些动作要求严格,受试者会暴露出平时难以发现的潜在问题。

(三)运动性病症风险评估

运动性病症风险评估主要包括必要的医学检查(血常规、尿常规、心电图、心肌酶等),对运动环境温度、湿度的监测,运动中的身体机能监测(晨脉、晨压、食欲、睡眠、主观疲劳感、体重、肌力、腱反射、运动成绩)等。

四、运动测试

运动测试主要包括心肺耐力、身体成分、肌肉力量、肌肉耐力、柔韧性、平衡等。

心肺耐力是指人体在多数肌肉参与的条件下进行长时间有氧运动的能力,主要评价指标为最大摄氧量(见表3-1)。

表3-1 最大摄氧量评价标准 单位:毫升/千克/分钟

年龄	低水平	一般水平	中等水平	较好水平	高水平	运动员水平	奥林匹克水平
女性							
20～29岁	＜28	29～34	35～43	44～48	49～53	54～59	＞60
30～39岁	＜27	28～33	34～41	42～47	48～52	53～58	＞59
40～49岁	＜25	26～31	32～40	41～45	46～50	51～56	＞57
50～65岁	＜21	22～28	29～36	37～41	42～45	46～49	＞50

续表

年龄	低水平	一般水平	中等水平	较好水平	高水平	运动员水平	奥林匹克水平
男性							
20～29 岁	＜38	39～43	44～51	52～56	57～62	63～69	＞70
30～39 岁	＜34	35～39	40～47	48～51	52～57	58～64	＞65
40～49 岁	＜30	31～35	36～43	44～47	48～53	54～60	＞61
50～59 岁	＜25	26～31	32～39	40～43	44～48	49～44	＞56
60～69 岁	＜21	22～26	27～35	36～39	40～44	45～49	＞50

身体成分主要反映身体的肥胖程度，常选择体质指数（BMI），腰围、腰臀比（WHR）和体脂百分比等指标来评价。计算方法如下：

BMI＝体重（千克）÷身高^2（米）

WHR＝腰围÷臀围

体脂百分比＝（1.20×BMI）＋（0.23×年龄）－（10.8×性别）－5.4

（其中男性性别为 1，女性性别为 0）

肌肉力量和肌肉耐力是肌肉在紧张或收缩时所表现出来的一种能力，或者说是肌肉收缩克服或抵抗阻力来完成运动的能力，可以通过最大肌肉力量、肌肉含量、爆发力等指标来评估（详见第五章抗阻运动）。

柔韧性是指身体各个关节的活动幅度及跨过关节的韧带、肌腱、肌肉、皮肤等其他组织的弹性伸展能力，可以通过体前屈、后仰、站立转体等指标来评估（详见第七章柔韧性训练）。

平衡能力是指维持身体姿势的能力，特别是在较小的支撑面上控制身体重心的能力，可通过静态平衡能力测试、Y 平衡测试、闭眼单腿站立测试等方法进行测试。

五、制定运动处方

制定运动处方共有以下 8 个要素：

（1）运动目的（purpose）。制定运动处方时，应首先明确运动目的。常见的运动目的包括提高心肺耐力、控制体重、增肌减脂、塑形健美、提高体质水平、矫正不良体态和预防及控制慢性疾病等。

(2)运动频率(frequency),主要是指每周运动的天数。

(3)运动强度(intensity),是运动处方的核心内容之一,与获得的健康收益有着明显的量效关系,可根据最大摄氧量百分比、最大心率百分比、代谢当量、主观用力感觉等指标来确定。几种测试方法见表 3-2 至表 3-4。

表 3-2 讲话测试运动强度对照

目标强度	运动中讲话测试
低强度	可以讲话和唱歌
中等强度	能讲话但不能唱歌
较高强度	难以讲话

表 3-3 主观感觉量表(RPE)测试运动强度对照

目标强度	RPE 等级
低强度	≤10
中等强度	11～13
较高强度	≥14

表 3-4 主观感觉量表(RPE)等级对照

<table>
<tr><th>等级</th><th>主观感觉</th></tr>
<tr><td>6</td><td>根本不费力</td></tr>
<tr><td>7</td><td rowspan="2">极其轻松</td></tr>
<tr><td>8</td></tr>
<tr><td>9</td><td>很轻松</td></tr>
<tr><td>10</td><td rowspan="2">轻松</td></tr>
<tr><td>11</td></tr>
</table>

续表

等级	主观感觉
12	有点吃力
13	
14	
15	吃力
16	非常吃力
17	
18	
19	极其吃力
20	精疲力竭

运动中心率的正常反应：

①随运动强度的增加，心率会逐渐升高。

②每增加 1MET 的运动强度，心率会加快 10±2 次/分钟。

运动中心率的异常变化：

①随着运动强度的增加，心率不升反而有下降趋势。

②运动中心率达到峰值时，比用年龄推算的最大心率低 20 次/分钟或不能达到最大心率的 85%。

③恢复期第 1 分钟心率下降≤12 次/分钟，或 2 分钟内下降≤22 次。

(4)运动方式(type)，主要是指运动处方中选取的运动形式，包括有氧运动、无氧运动、柔韧性练习、平衡练习等。

(5)运动时间(time)，指每次运动的持续时间(单次运动时间)。

不同运动方式的运动强度、持续时间和运动频率建议见表 3-5。

表 3-5 不同运动方式的运动强度、持续时间和运动频率安排建议

运动项目	运动强度	运动时间	运动频率(次/每周)
快走、慢跑、游泳、自行车、扭秧歌等	中	30 分钟或以上	5～7
跑步、快节奏健美操	大	20 分钟或以上	2～3
太极拳、健身气功	中	30 分钟或以上	3～7
篮球、足球、网球、羽毛球、乒乓球等	中、大	30 分钟或以上	3
力量练习	中	30 分钟或以上	2～3
牵拉练习	—	5～10 分钟	5～7

(6)运动总量(volume),指完成运动的总数量,是由运动频率、运动强度和运动时间共同决定的,即训练的 FIT。不同活动和运动能量消耗值见表 3-6。

表 3-6 不同活动和运动能量消耗值

活动方式		能量消耗(千卡/千克/小时)
安静	静卧,睡觉,看电视、看书、写字	0.9
	静站,坐着看书报	1.2
	坐着上课、学习,站着聊天、看书	1.8
步行	缓慢步行	2.86
	上学或上班	4.0
乘车	坐车	1.6
跑步	跑走结合(跑步不超过 10 分钟)	5.9
	一般慢跑	6.9
	133 米/分钟,一般跑步	7.8
	200 米/分钟	12.4
羽毛球	一般单、双打	4.5
篮球	投篮	4.5
	普通	5.9

续表

活动方式		能量消耗(千卡/千克/小时)
足球	一般	7.86
	比赛	9.0
上楼	一般负重	9.0
游泳	10 米/分钟	3.0
	20 米/分钟	4.25
自行车	8.5 千米/小时	3.48
	16～19 千米/小时	5.9
家务劳动	洗、叠、挂衣服,整理床铺等	1.9
	清扫房间,做饭	2.4
	擦窗户,拖地	4.5

(7)运动进度(progression),指运动处方的进展情况,取决于运动处方对象的健康状况、体质水平、训练反映和运动计划的目的。

(8)注意事项:

①根据运动处方对象的具体情况做好运动风险的提示与医务监督。

②根据运动处方对象的个人情况确定最佳运动时间段(早晨、下午、晚上)。

③充分恰当地进行运动前热身及运动后的放松拉伸。在注意事项中最好明确给出具体的热身及拉伸的方式、次数或时间,建议当面教授拉伸的具体动作,保证每次运动后的拉伸动作正确且拉伸时间和次数足够。

④根据运动处方对象的个人情况给出降低运动强度或终止运动的指征。

⑤根据运动处方的具体内容和运动处方对象的个人情况,给出服装、场地、运动环境的具体要求。

⑥饮食配合,为了更好地达到预期目标,几乎所有的运动处方在执行时都应该辅以饮食调整。

中国体育科学学会运动处方标准格式见表 3-7。

表 3-7 中国体育科学学会运动处方标准格式

<table>
<tr><td colspan="6">基本信息　　　　　　　　　　　　　　　　　年　　月　　日</td></tr>
<tr><td>姓名</td><td></td><td>性别</td><td>男□女□</td><td>年龄</td><td>岁</td></tr>
<tr><td>联系电话</td><td></td><td>家庭住址</td><td colspan="3"></td></tr>
<tr><td colspan="6">运动前筛查结果</td></tr>
<tr><td>体力活动水平</td><td colspan="5">□严重不足　□不足　□满足</td></tr>
<tr><td rowspan="4">健康筛查</td><td colspan="5">身高________cm，体重________kg，体脂率________%，BMI ________</td></tr>
<tr><td colspan="5">疾病史：□无，□高血压，□糖尿病，□心脏病，□肺疾病，□其他</td></tr>
<tr><td colspan="5">血液指标：空腹血糖________ mmol/L，总胆固醇________ mmol/L</td></tr>
<tr><td colspan="5">血压：____/____ mmHg　心率________次/min</td></tr>
<tr><td>进一步医学检查</td><td colspan="5"></td></tr>
<tr><td>运动风险分级</td><td colspan="5">□低　□中　□高</td></tr>
<tr><td rowspan="3">运动测试结果</td><td colspan="5">心肺功能　□低　□中　□高</td></tr>
<tr><td colspan="5">肌肉力量与耐力　□差　□一般　□较好</td></tr>
<tr><td colspan="5">柔韧性　□差　□一般　□较好</td></tr>
<tr><td>存在的主要问题及主诉需求</td><td colspan="5"></td></tr>
<tr><td colspan="6">运动处方</td></tr>
<tr><td>运动目的</td><td colspan="5"></td></tr>
<tr><td>运动方式</td><td colspan="5"></td></tr>
<tr><td>运动强度</td><td colspan="5"></td></tr>
<tr><td>运动时间</td><td colspan="5"></td></tr>
<tr><td>运动频率</td><td colspan="5"></td></tr>
<tr><td>周运动量</td><td colspan="5"></td></tr>
<tr><td>运动目标</td><td colspan="5">短期：
长期：</td></tr>
<tr><td>注意事项</td><td colspan="5"></td></tr>
<tr><td>效果评估</td><td colspan="5"></td></tr>
<tr><td>回访时间</td><td colspan="5">年　　月　　日</td></tr>
<tr><td>运动处方师</td><td colspan="5"></td></tr>
<tr><td>机构名称(章)</td><td colspan="5"></td></tr>
</table>

六、过程监控与微调整

(一)执行运动处方过程中的监控

运动强度与运动时间要随时监控,保证在适宜的范围内。在执行运动处方的整个过程中,心率和 RPE 的监测不应间断。发现运动处方对象出现头晕、胸闷恶心以及其他不适症状时,应及时停止运动。应随时监控和制止运动处方对象在运动中出现的危险动作。

运动时的心率一般不应超过设计的目标心率的 5%,RPE 不要超过 17,若有其一超出过多时,应及时调整运动处方。进行力量练习时,心率对运动强度的评定不够敏感,应以 RPE 等级评定为主要参考依据。

(二)运动处方执行过程中的微调整

运动处方师对运动处方进行任何调整都应监控运动处方对象的反应,观察其是否发生了因运动量增加而产生的不良反应,如过度疲劳、严重的肌肉酸痛、关节疼痛、肌肉拉伤等。若运动处方对象无法接受运动计划时,应及时调整运动计划,降低运动量,避免出现骨骼、肌肉损伤,心血管和肺部损伤等。

七、效果评估

效果评估主要包括依从性评估、运动负荷适应性评估、体质与健康改善评估和心理效应评估。

(1)依从性评估是指运动处方对象执行运动处方的状况与其指定的处方相符合的程度。

(2)运动负荷适应性评估主要包括心率监测(运动后心率、晨脉)、体重、饮食情况(食欲)。

(3)体质与健康改善评估主要包括体质水平的全面评估、医学健康指标改善评估、针对性评估(运动目标完成情况的评估)。

(4)心理效应评估主要包括焦虑、抑郁、社交能力、生活质量和幸福感等方面的评估。

八、根据评估结果调整运动处方

根据运动处方的评估结果,调整制定运动处方的 8 个要素。

九、运动处方实施一段时间后的再评估、再调整

根据运动处方执行的实际情况，重复前面几个基本流程。

本章作业

1.运动处方的概念是什么?

2.一个完整的运动处方应该包括哪些要素?

3.运动处方制定流程包括哪几个方面?

4.在运动中出现心率的异常情况，应当如何处理?

第四章 运动健身的注意事项

生命在于运动，尤其是科学合理的运动。本章阐明了体育锻炼中常见的误区和避免误区的主要方法，并对热身活动和放松活动方法进行详细介绍。引导大家从个人需求出发，根据自己的身体状况选择适合自己的运动项目，循序渐进、持之以恒地进行体育锻炼，享受健康快乐的校园生活。

第一节　运动中的常见误区及避免误区的方法

本节从运动前、运动中和运动后最容易出现的问题入手，指出了体育锻炼中常见的误区并给出合理建议。

一、误区 1:盲目跟风，没有根据自己的身体情况选择合适的运动项目

在选择运动项目上有两个建议：一是选择的运动项目要个性化。体育锻炼的最终目的是促进身体健康，但由于每个人的遗传基因、成长环境、所受教育和其自身的主观能动性不同，所以人在身心发展上存在不一致性。正因为有这种个体差异性，所以在选择某项运动项目进行锻炼时，绝不能盲目跟风，人云亦云，也不能只顾个人喜好而不顾自己身体状况进行锻炼，而是要根据自己的身心状况、兴趣爱好、生活习惯和周边体育设施等条件来选择适合自己的运动项目，进而做到能够因时、因地进行有规律的体育锻炼，否则很可能造成不必要的运动损伤或疾病。二是选择的运动项目要能够使自己身心得到全面发展。因历史原因和客观环境影响，大家掌握的运动技能数量方面还不多，容易导致运动方式单一，不能均衡锻炼，因此建议交替选择有氧运动（如慢跑、快步走、太极拳、八段锦、五禽戏或易筋经等中低等强度的运动项目）、无氧运动（如 HIIT、Tabata 等高强度的运动项目）和混合代谢运动（如篮球、足球等有氧无氧代谢交替供能的运动项目）进行锻炼。

二、误区 2:空腹运动、饱食运动或酒后运动

空腹运动：空腹状态一般是指饭后 4 小时左右。空腹运动时，由于血糖处于较低的水平，身体中枢神经的兴奋性会降低，致使身体很难完成中等强度以上的运动，锻炼效果并不会好，并且空腹状态下进行锻炼，极易引起低血糖反应，大大增加运动风险。

饱食运动：人在吃饱饭后如进行剧烈运动，容易造成消化系统血液供应不足，胃肠蠕动减慢，严重的会导致消化不良、胃痛和溃疡等疾病的发生。

一般来说，散步、八段锦、太极拳等低强度运动，饭后半小时至一小时可以进行。慢跑、减肥操、骑自行车等中强度运动，可在饭后一小时至两小时进行。长跑、篮球、足球等高强度运动，可在饭后两小时至三小时再进行。

酒后运动：酒精进入人体后，会让人在短时间兴奋后反应迟钝，出现嗜睡等现象，如果此时进行体育锻炼，容易造成扭伤、摔倒甚至骨折等意外损伤。

三、误区 3：忽视运动前的热身活动

热身活动是进行体育锻炼的良好开端，是对身体“预热”的过程，可以提高中枢神经系统的兴奋性、克服内脏器官的生理惰性、降低肌肉的黏滞性、增加关节的灵活性、提高机体的代谢水平等，使身体运动能力在短时间内得到大幅度的提升，同时也有助于防止运动损伤。

四、误区 4：贪大求多，认为运动量越大越好、运动强度越高越好、运动时间越长越好

进行科学锻炼的方法：一是运动量要适宜；二是锻炼要循序渐进；三是锻炼要持之以恒。

运动量适宜是指在体育锻炼过程中必须根据个人身体情况选择适宜的运动负荷。在国际上，适宜的运动负荷量一般采用心率法测定，即有氧锻炼适宜心率为：(220－个人年龄)×(70%～85%)。

循序渐进是指要遵循运动量由小到大、锻炼内容由简单到复杂和运动时间由短到适中的要求。

持之以恒是指身体素质的增强是一个不断积累的过程，锻炼带给人的益处不能长期储存或保留，只有通过持之以恒地锻炼才能达到提高身体机能和保持最佳身体状态的目的。

五、误区 5：运动过程中不喝水

人体的 70%是水，运动中及时补充水分非常重要。运动中由于排汗增加，水和电解质丢失也增加，如果不及时补水，易使细胞渗透压降低，造成钠代谢平衡失调，发生肌肉抽筋，造成注意力不集中，引起头痛等症状，严重时还会引起其他疾病。应少量多次平缓间歇式补充水分。开始的时候可以先

漱口，润湿咽喉和口腔，把水吐出，然后再喝少量的水。之后每喝一口水都应该在口腔内轻含几秒后再缓慢咽下。这样喝水的方式不但可以快速地解渴，而且可以有效控制自身的饮水量，避免喝得太猛太多而造成胃部不适。

六、误区 6:忽视运动后的放松活动

放松活动是指在较剧烈的体育运动结束后所做的放松练习，或者说是身体缓慢“降温”的过程，此过程能够使人体各器官从运动状态积极恢复到相对安静状态，可以使身体在以后锻炼时发挥更好的状态。有的人运动负荷虽然很大，但依然保持着长久的运动寿命，这和运动前后的很多细节是有很大关系的，运动前的热身以及运动后的放松作用均不容小觑。

七、误区 7:运动后立即洗澡、大量进食、饮酒

剧烈运动后，皮肤表面血管扩张，如果立即洗冷水澡，会导致血压升高，严重的还可能会引起颅内出血；如果立即洗热水澡，会导致心脏和大脑供血不足，轻者头晕眼花，重者虚脱休克，还容易引起其他慢性疾病。所以，要等身体各系统机能恢复正常后（运动后大约半小时）去洗温水澡。

运动后如果立即大量进食，会影响肝脏、胰腺的正常功能。更危险的是立即进食含有较多肉类的食物，大量待消化的肉类食物会引起胃肠道和胰腺发炎，甚至导致意外死亡。

运动后如果立即饮酒，身体会比平时更快地吸收酒精，对于心脏、肾脏和胃肠等各器官的刺激性比较大，容易引起关节肿胀、痉挛性腹痛和腹泻，严重者会导致结石和痛风等疾病的发生。

第二节 热身活动和放松活动

热身活动是体育锻炼的良好开端，主要是做一些力量性和伸展性的动作，如扩胸、压腿、弯腰和拉伸等。放松活动是体育锻炼的完美结束，通过拉伸、按摩、拍打等手段，减轻运动后的不适感。

一、热身活动

热身活动主要包括腕关节、踝关节、膝关节、髋关节、颈部、肩部、胸部、腰部和腿部等部位的力量性和伸展性练习。热身活动的内容、时间和强度可根据个人情况从以下示例中进行选择，时间一般为10～15分钟，身体微微出汗时就可以结束。热身活动要循序渐进，当个人兴奋度较低或天气比较寒冷时，热身活动的时间可适当延长。

（一）手腕、脚踝运动

1.动作要领

（1）手腕、脚踝绕环：两手交叉置于胸前，一只脚的脚尖着地，脚踝自然放松，手腕、脚踝做绕环动作。

（2）单腿踮脚：双手叉腰，左腿站立，右腿抬至与地面平行，保持稳定，然后左脚踮起、落地为1拍。前4拍左脚，后4拍右脚。

（3）双腿踮脚：双手叉腰，双脚踮起、落地为1拍。

以上动作要领示范见图4-1。

图4-1　手腕、脚踝运动动作要领示范

2.练习要求

手腕、脚踝绕环，左、右脚各绕环10秒；单腿或双腿踮脚共做32拍。动作要平稳、缓慢，活动幅度尽可能大。

(二)膝关节、髋关节运动

1.动作要领

(1)膝关节运动:左腿站立,右腿做屈膝和伸膝动作,一个完整的屈、伸动作为1拍,前4拍为右腿屈膝和伸膝,后4拍为左腿屈膝和伸膝。

(2)髋关节运动:双手叉腰,左腿站立,右大腿上抬至与地面平行,做外摆、内收动作,一个完整外摆、内收动作为1拍,前4拍为右腿外摆和内收,后4拍为左腿外摆和内收。

以上动作要领示范见图4-2。

图4-2 膝关节、髋关节运动动作要领示范

2.练习要求

屈膝和伸膝、外摆和内收动作8拍为1组,各做2组。要尽量保持身体平衡,活动幅度尽可能大。

(三)颈部拉伸运动

1.动作要领

双脚与肩同宽,脚尖稍外展。平稳柔和地抬头,保持10秒(下同),低头、头部右转再左转,右手轻轻压住头部左侧使头向右侧屈;然后换左侧,动作相同,方向相反。动作要领示范见图4-3。

图 4-3　颈部拉伸运动动作要领示范

2.练习要求

每个动作做 2 次。动作要平稳、缓慢、柔和，有适度的牵拉感。

（四）肩部运动：耸肩、肩部绕环、大臂绕环

1.动作要领

（1）耸肩：双肩尽可能向上提，达到极限时停留 5 秒后自然落下。

（2）肩部绕环①：双手置于锁骨处，手心向下，肘部外展，腹部收紧，做肩部绕环动作，绕环 1 圈为 1 拍，前 4 拍顺时针绕环，后 4 拍逆时针绕环。

（3）肩部绕环②：两臂平举，手心向上，肘关节微曲，腹部收紧，做肩部绕环动作，绕环 1 圈为 1 拍，前 4 拍顺时针绕环，后 4 拍逆时针绕环。

（4）大臂绕环（行进中）：收紧臀部和腹部，双臂尽量后伸，行进中做大臂绕环动作，绕环 1 圈为 1 拍，前 4 拍顺时针绕环，后 4 拍逆时针绕环。

以上动作要领示范见图 4-4。

图 4-4　肩部运动动作要领示范

2.练习要求

以上动作可以任选择其中的2～3个进行练习，每个动作做2个8拍。动作要缓慢、柔和，活动幅度尽可能大。

(五)扩胸运动：正向振臂、侧向振臂、动态式扩胸运动

1.动作要领

(1)正向振臂：右臂向上伸展，右手手心向前，左臂向下伸直，手心向后，双臂同时用力向后振动1次为1拍；换另一侧，动作相同。

(2)侧向振臂：右臂向斜上方45度伸展，左臂向斜下方45度伸展，双臂同时用力向后振动1次为1拍；换另一侧，动作相同。

(3)动态式扩胸运动：双手握拳，双臂伸直上抬至与地面平行，拳心相对，双拳紧贴，然后双臂由前向身体两侧逐渐增大幅度振动式打开，振动1次为1拍，每节8拍，第8拍时双臂完全打开。

以上动作要领示范见图4-5。

图4-5 扩胸运动动作要领示范

2.练习要求

以上动作可以任选择其中的2个进行练习，每个动作做2个8拍。动作要有节奏感，活动幅度尽可能大。

(六)腰部运动：体转运动、髋关节屈伸、侧向拉伸、髂腰肌拉伸

1.动作要领

(1)体转运动：双臂曲肘上抬至与地面平行，向右转体90度左右并复原为1拍。前4拍向右转体，后4拍向左转体。

(2)髋关节屈伸:屈髋向后,同时双手尽力前伸,保持 5 秒,回到起始站姿为完成 1 组。

(3)侧向拉伸:右手臂向上用力伸展,左手牵拉右手,身体向左侧屈,保持 10 秒,然后向右侧屈,保持 10 秒后为完成 1 组。

(4)髂腰肌拉伸:左腿向前跨出一步全脚掌着地,同时双手抱膝,右肘关节靠近左脚内侧,同时右膝触地,保持 10 秒;换右腿,保持 10 秒后为完成 1 组。

以上动作要领示范见图 4-6。

图 4-6　腰部运动动作要领示范

2.练习要求

体转运动做 4 个 8 拍,其他动作任选 2 个共做 4 组。动作要缓慢、柔和,活动幅度尽量到位,有适度的牵拉感。

(七)腿部运动

1.动作要领

(1)弓步压腿:双手叉腰,左腿向前跨出一步全脚掌着地,右腿微微屈膝,膝关节接近地面,身体直立,重心稳定,保持 10 秒;换右腿,保持 10 秒后为完成 1 组。

(2)仆步压腿:双手叉腰,左腿侧向跨出一步,右腿微屈,上体直立,保持 10 秒;换右腿,保持 10 秒后为完成 1 组。

(3)腿部拉伸:左腿向前跨出一步全脚掌着地,双手顺势触地,右腿自然伸直,保持 10 秒,换右腿,动作相同,方向相反,保持 10 秒。

以上动作要领示范见图 4-7。

图 4-7 腿部运动动作要领示范

2.练习要求

每个动作做 2 组。身体重心要稳定、动作幅度尽可能大。

（八）开合跳、前后交叉小跳

1.动作要领

（1）开合跳：双腿快速向左右分开，同时两臂伸直外展至头顶击掌，然后双腿快速并拢，同时双手臂内收至身体两侧，一个完整开合跳动作为 1 拍。

（2）前后交叉小跳：双臂自然弯曲，腰腹收紧，然后用腰腹力量带动身体左右摆动，同时双脚前后交叉，一个完整动作为 1 拍。

以上动作要领示范见图 4-8。

图 4-8 开合跳、前后交叉小跳动作要领示范

2.练习要求

两个动作每组 8 拍，各做 4 组。动作要轻快、协调、有力、有节奏感。

(九)高抬腿、原地小碎步、空手跳绳

1.动作要领

(1)高抬腿：两腿依次高抬，大腿尽量与地面平行，两腿高抬一次为 1 拍。

(2)原地小碎步：身体稍前倾，双臂屈肘，右臂前伸，左臂后伸，双臂前后缓慢摆动，同时双脚前脚掌着地，做小碎步练习，脚步频率越快越好。

(3)空手跳绳：双手轻轻握拳，双腿微屈，然后双脚原地连续跳跃，同时双手模仿摇绳做绕环动作，双脚起跳落地一次为 1 拍。

以上动作要领示范见图 4-9。

图 4-9　高抬腿、原地小碎步、空手跳绳动作要领示范

2.练习要求

高抬腿、空手跳绳动作各做 32 拍；原地小碎步每组 15 秒，做 2 组。动作要轻快、协调、有力；原地小碎步双臂摆动要慢，脚步频率要快。

(十)最伟大拉伸

1.动作要领

(1)双手缓慢下落爬行至直臂触地成俯卧姿态，双腿伸直。

(2)保持身体稳定，然后右腿向前做弓步，右手臂向侧上方伸展，手心向外，并向外侧打开至最大幅度，保持 5 秒。

(3)右手臂向内收回,带动身体向左侧转体后并再次向右侧打开,保持5秒。

(4)双手触地,在跨步的基础上尽量伸直双腿,保持5秒。

(5)重心下降,双手向上做弓步伸展,保持5秒。

(6)还原至直臂支撑状态,然后再换左侧完成整个动作,双侧动作完成以后还原。

以上动作要领示范见图4-10。

图4-10 最伟大拉伸动作要领示范

2.练习要求

共做2组。身体重心要稳定、动作幅度尽可能大。

二、放松活动

放松活动主要有肌群放松法、深呼吸放松法、慢跑放松法等。放松活动的内容、时间和强度可根据自身情况从以下示例中进行选择(亦可参阅本书第七章柔韧性训练)。当自己感到心跳趋于缓和、呼吸逐渐平稳、肌肉得到放松时,放松活动便可以结束。

(一)颈部放松、胸部放松

1.动作要领

(1)颈部放松:自然呼吸,用手轻按头部向一侧缓缓用力,保持 10 秒,换另一侧。

(2)胸部放松:双手握拳于身后,尽力向后伸展,保持 10 秒。

以上动作要领示范见图 4-11。

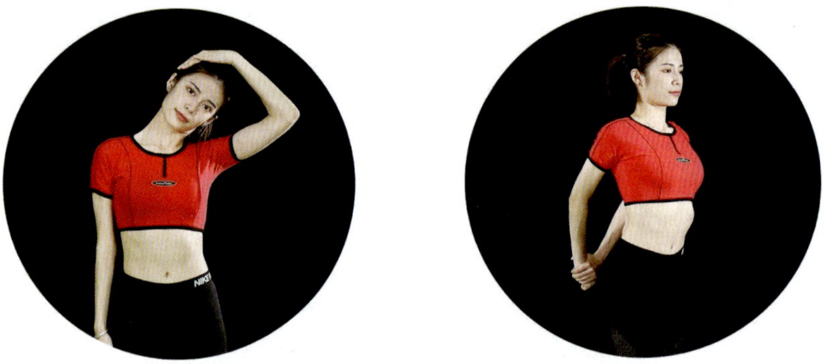

图 4-11　颈部放松、胸部放松动作要领示范

2.练习要求

保持 10 秒为 1 组,共做 2 组。动作要平稳、缓慢、柔和,有适度的牵拉感。

(二)手臂放松、肩部放松

1.动作要领

(1)手臂放松:左手臂上举至耳边,肘关节最大幅度向后折叠,然后右手越过头顶轻按左肘关节,慢慢加力,使大臂后侧有牵拉感。

(2)肩部放松:左手臂抬起向前伸直,掌心向右,然后手臂转向身体右侧与地面平行,右手轻压住左手肘关节并稍用力,头转向左侧,使肩部有拉伸感。

以上动作要领示范见图 4-12。

图 4-12　手臂放松、肩部放松动作要领示范

2.练习要求

左、右侧各保持 10 秒为 1 组，共做 2 组。动作要平稳、缓慢、柔和，有适度的牵拉感。

(三)手腕伸、屈肌放松

1.动作要领

(1)手腕伸肌放松：左手臂抬起向前伸直，掌心向后，指尖朝下，然后右手握住左手手指并向后缓慢用力。

(2)手腕屈肌放松：左手臂抬起向前伸直，掌心向前，指尖朝下，然后右手握住左手手指并向后缓慢用力。

以上动作要领示范见图 4-13。

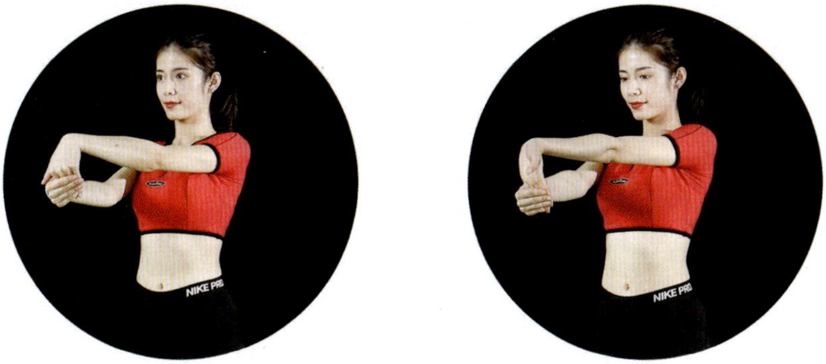

图 4-13　手腕伸、屈肌放松动作要领示范

2.练习要求

左、右手各保持 10 秒为 1 组，共做 2 组。动作要平稳、缓慢、柔和，有适度的牵拉感。

（四）腰部放松

1.动作要领

（1）腰部放松动作一：左腿向右交叉，然后双臂上举过头顶，双手并拢，上身缓慢右倾，使腰部有明显拉伸感。

（2）腰部放松动作二：左手轻放在颈部，右手叉腰，身体向右侧倾，使腰部有明显的拉伸感。

以上动作要领示范见图 4-14。

图 4-14　腰部放松动作要领示范

2.练习要求

左、右侧各保持 10 秒为 1 组，共做 2 组。动作要平稳、缓慢、柔和，有适度的牵拉感。

（五）大腿放松、臀部放松

1.动作要领

（1）大腿放松：右手握住同侧脚踝屈膝上拉，同时左臂尽力侧上举，保持 10 秒。

（2）臀部放松动作一：右腿站立，降低重心，同时左手抱起同侧膝关节，膝关节尽量靠近胸部，右手牵拉左脚脚踝，保持上身直立，右腿伸膝伸髋立腰，保持 10 秒为 1 组。

（3）臀部放松动作二：左腿屈膝，大、小腿约 90 度，上身尽力前倾，右腿伸直，直到臀部有明显的拉伸感，左右两侧各保持 20 秒为 1 组。

以上动作要领示范见图 4-15。

图 4-15 大腿、臀部放松动作要领示范

2.练习要求

左、右腿各为 1 组，共做 2 组。动作要平稳、缓慢、柔和，有适度的牵拉感。

(六)腹部放松、背部放松

请参考本书第七章第二节中的静态拉伸练习方法。

(七)手臂放松、小腿放松(借助弹力带)

1.动作要领

(1)手臂放松：右手拿弹力带，手臂后屈，左手在背后抓住弹力带另一端，大臂有明显的拉伸感，保持 30 秒为 1 组，换另一侧。

(2)小腿放松：两腿并拢伸直，弹力带放置在两脚掌中间，膝关节伸直，身体前倾，保持 30 秒为 1 组。

以上动作要领示范见图 4-16。

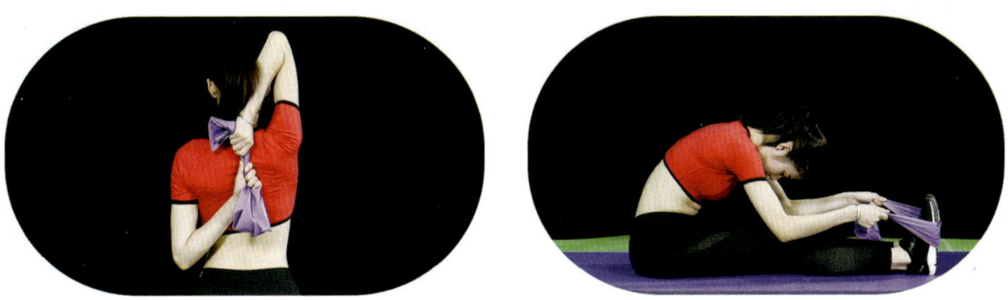

图 4-16 手臂放松、小腿放松动作要领示范

2.练习要求

动作保持30秒为1组，共做2组。可根据自己的能力调整弹力带的长度，动作要平稳、缓慢、柔和，有适度的牵拉感。

(八)小腿放松(借助泡沫滚轴)

1.动作要领

(1)双手撑地，臀部抬起，双腿交叉放在泡沫滚轴上，来回滚动。

(2)双手撑地，双腿跪在泡沫滚轴上，来回滚动。

以上动作要领示范见图4-17。

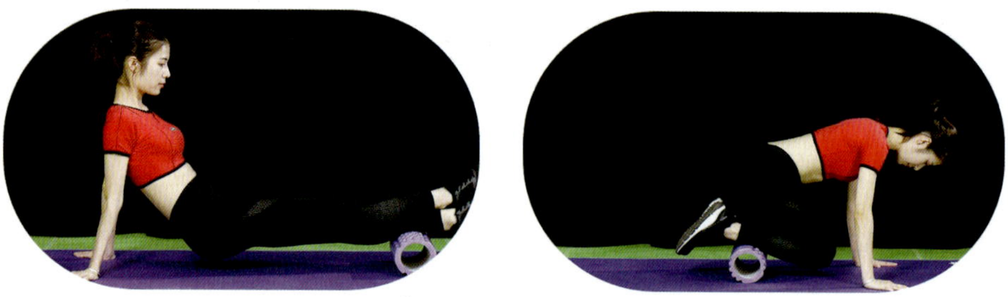

图4-17　小腿放松动作要领示范

2.练习要求

各滚动20次为1组，共做2组。动作要平稳、缓慢。

(九)大腿放松、足底放松(借助泡沫滚轴、网球)

1.动作要领

(1)大腿放松：右肘部撑地，右大腿外侧与泡沫滚轴接触，右腿来回滚动。左、右腿各滚动10次为1组。

(2)足底放松：单脚踩泡沫滚轴或网球，从脚趾向脚跟方向用力滚压，双脚各滚动20次为1组。

以上动作要领示范见图4-18所示。

图 4-18 大腿放松、足底放松动作要领示范

2.练习要求

两个动作各做 1 组。动作要平稳、缓慢，足底放松时使足底有适当的“疼痛感”。

(十)腹式呼吸

请参考本书第六章第二节中的呼吸训练。

(十一)自我拍打放松

1.动作要领

用手掌拍打或握拳轻叩肩部、大臂、小臂、腰部、臀部、大腿、小腿等部位，也可做甩胳膊和抖腿等动作进行放松。动作要领示范见图 4-19。

图 4-19 自我拍打放松动作要领示范

2.练习要求

左、右手拍打身体各部位约 5 分钟，拍打时力度要适中。

本章作业

1.如何测量自己的心率?

2.选择哪些运动项目可以使自己身心得到全面发展?

3.如何进行科学锻炼?

4.热身活动和放松活动的意义是什么?

第五章
抗阻运动

抗阻运动是力量练习的一种，是一种有效增肌健身的途径。做好抗阻运动可以帮我们更加有效地燃脂，让我们肌肉变得更加强壮，身型也变得更加有美感。

我们身体的神经系统连接、控制着附着在骨骼上的肌肉，肌肉牵动骨骼围绕关节进行运动，而运动的本质就是克服阻力。因此，克服阻力、抵抗阻力才是我们人体力量的主要使用方式，而人体作为完整的系统来运动，获取力量的模式应该与使用力量的模式相同，所以抗阻运动是我们获取力量的最佳方式。

第一节　抗阻训练概述

在进行抗阻训练时，首先要明确目标肌肉，也就是说，应确切地知道要锻炼哪个部位的肌肉。对于人体主要部位的肌肉，应该明确其位置、起止点和功能，分析完成动作时人体各部位的运动状况及其相互关系，包括参与活动的骨、关节和肌肉的运动规律。通过以上分析，就可以判断我们所设计的某个抗阻训练动作是否可以锻炼到目标肌肉以及产生的练习效果。

一、抗阻动作分析步骤

第一步，明确参与完成动作的身体主要部位及相应的关节，并确定阻力方向。

第二步，划分动作阶段，一般是根据各部位运动方向的改变进行动作阶段的划分，这主要是针对动力性运动。

第三步，分析各阶段各部位的运动状况，这是动作分析的重点。

下面以杠铃平板卧推动作为例进行动作分析（见图 5-1）。

图 5-1　杠铃平板卧推动作要领示范

（1）完成杠铃平板卧推动作时，头、脊柱和下肢各部位均保持一定的静态姿势，主要是上肢各部位的运动。参与运动的主要关节为肩关节、肘关节，阻力的方向是向下的。

（2）杠铃平板卧推动作可划分为下降（向下）和推起（向上）两个阶段。

（3）在杠铃平板卧推动作下降（向下）阶段，关节的运动为肩关节水平伸、肘关节屈；杠铃运动方向向下，与阻力方向一致，原动肌——胸大肌、三角肌前束、肱三头肌等张力小于外加阻力，肌长度拉长，肌肉工作性质为离心收缩。在杠铃平板卧推动作推起（向上）阶段，关节的运动为肩关节水平屈、肘关节伸；杠铃运动方向向上，与阻力方向相反，原动肌——胸大肌、三角肌前束、肱三头肌等肌肉收缩过程中张力保持不变，肌肉长度缩短，引起关节活动，从而推起杠铃，工作性质为克制阻力的向心收缩。

通过以上动作分析，可以确定杠铃平板卧推动作能够锻炼胸大肌、三角肌前束、肱三头肌等。

二、握法

握法是指在进行抗阻训练时，两手持握器械把手、杠铃和哑铃的方法。在抗阻训练中经常用到下列几种不同的握法：

（1）正握：手掌朝下，手背向上或向前，前臂内旋的握法。

（2）反握：手掌朝上或朝前且拇指指向彼此，前臂外旋的握法。

（3）正反握：一手正握，一手反握的握法。

（4）对握：两手掌心相对的握法。

三、握距

握距是指在进行抗阻训练时，持握器械把手、杠铃或哑铃的两手之间的距离。每个人在肩宽、手臂长度等体型上的差别，导致了握距上的差别。

四、抗阻训练时正确的呼吸方法

在抗阻训练过程中，呼吸的原则就是顺着阻力时吸气，对抗阻力时呼气。例如，在深蹲时，蹲起时呼气，蹲下时吸气。这种呼气方式可以为肌肉提供充足的氧气和能量，适合自重训练和小重量器材训练。

第二节 抗阻训练技术分析与练习方法

掌握正确的抗阻运动动作并熟练使用动作技巧，能使锻炼取得更加令人满意的成效，本节介绍身体主要部位肌肉的代表性抗阻运动训练动作。

一、胸部肌肉抗阻练习

在抗阻训练中，最受欢迎的练习是胸部肌肉的抗阻练习。

卧推运动中用到的肌肉非常多，主要锻炼部位是胸肌、肱三头肌和三角肌前束，尤其对胸肌部分的锻炼有十分良好的效果。在这我们重点要提到的是具有代表性的练习动作——自由重量卧推练习，动作要领示范见图 5-2。

图 5-2 自由重量卧推练习动作要领示范

1.动作要领

平躺在卧推凳上，臀部、肩膀和头部牢牢地靠在卧推凳上，双脚分开放于地面，眼睛位于卧推架上杠铃的正下方，身体确保五点支撑；双手握距与肩同宽或略比肩宽。从卧推架上取下杠铃，慢速下放杠铃，直到上臂与地面平行为止，然后推起杠铃回到起始姿势。上推时呼气，还原时吸气，如此重复，直至杠铃杆放到架上并确保稳定支撑才是一组卧推动作的结束。

2.保护与帮助

协助者应站在卧推架中间后侧，正反手握住杠铃杆，放在练习者的双手之间；当练习者开始进行推举时，协助抬起杠铃杆离开卧推架。一旦练习者开始向下运动，协助者应松开双手并密切观察杠铃杆的移动，只在必要时协助。

3.练习要求

运动负荷：4～6组，每组6～12次，重量8～12RM（8～12RM表示一组练习中最多重复或连续举起8～12次的重量）。

组间间歇时间：30～60秒。

小贴士

（1）目标肌群：胸肌、肱三头肌和三角肌前束。

（2）动作特点：挺胸，肩胛骨下沉收缩，确保核心收紧。

（3）注意事项：不要仅用双臂推举杠铃，想象用整个胸肌的力量将杠铃推起。

（4）易犯错误：杠铃杆下落点及上升线路错误。

二、背部肌肉抗阻练习

背部练习应该与胸部练习频率相似，以保持上半身前面与后面的平衡。引体向上依靠自身力量克服自身体重向上做功，可以达到锻炼的目的。

引体向上，有时候简称引体，依靠自身力量克服自身体重向上做功，是锻炼背部的王牌动作。在完成一个完整的引体向上的过程中需要众多背部骨骼肌和上肢骨骼肌的共同参与，这是一项复合动作练习，是较好的锻炼上肢的方法，也是衡量男性体质的重要项目之一。常见练习为正手引体向上，动作要领示范见图5-3。

图 5-3　正手引体向上动作要领示范

1.动作要领

双手握杠略宽于肩，掌心向前，双臂伸直，双脚离开地面。向上引体时，肱二头肌、肱肌做远固定向心收缩使肘关节屈；背阔肌、三角肌后束做近固定向心收缩使大臂在肩关节处做内收动作，此环节背阔肌收缩为引体向上动作提供主要动力；在躯干向下运动的过程中，所有参与运动的骨骼肌做离心收缩以控制躯体下降速度，使身体慢慢下降还原。

2.练习要求

运动负荷：第一阶段悬垂，5～7 组，每组保持时间 20～30 秒，组间间歇 1 分钟。第二阶段向上引体练习，4～6 组，每组 5～10 次，自身重量，组间间歇 1 分钟 30 秒～3 分钟。

小贴士

(1)目标肌群：背阔肌，大圆肌、小圆肌，斜方肌中、下束，肱二头肌，三角肌后束，胸肌。

(2)动作特点：挺胸，肩胛骨下沉收缩，确保核心收紧。

(3)易犯错误：肩胛骨未下沉收缩，没有做到完全的悬垂静止状态。

(4)注意事项：动作过程中身体不要前后摆动以利用惯性给予助力；每次练习都要充分伸展和收缩背阔肌，向下放到最低，向上拉到胸部，只有这样才能最大限度地训练背阔肌，雕刻出肌肉线条。

三、肩部肌肉抗阻练习

肩部的三角肌虽然是一个小肌群，但有规律的肩部锻炼却可以帮助我们有效改变身材、矫正体态，从而使自己穿衣更加好看。

使用自由重量的过顶推举对于锻炼肩部三角肌的前部、中部和后部非常有效。

自由重量站立哑铃推举，通常被认为是最好的肩部运动，站立推举需要身体有很好的稳定性，在发展肩部肌肉的同时还能增加全身的力量和肌肉。动作要领示范见图 5-4。

图 5-4　站立推举动作要领示范

1.动作要领

正手抓握哑铃举至双肩两侧，掌心向前，轻微弯曲膝盖，双脚打开与肩同宽。从肩上以缓慢到中等速度竖直向上推起，直到肘关节伸展。在向上和向下运动时，上身不要后仰，在运动过程中保持头部中立位。用力时呼气，放松时吸气。

2.练习要求

运动负荷：4～6 组，每组 6～12 次，重量 8～12RM。

组间间歇时间：30～60 秒。

3.保护与帮助

协助者应在不触碰练习者的情况下尽可能近地站在练习者的正后方，观察哑铃的运动，双脚分开与肩同宽，双手靠近哑铃，跟随其上下移动，仅在必要的时候提供帮助，指导练习者不要后倾、不要屏住呼吸。

小贴士

(1)目标肌群:三角肌(前、中、后束)。

(2)动作特点:挺胸,肩胛骨下沉收缩,确保核心收紧,注意肘关节的位置,不要向后,小臂应垂直地面,当上举到最高点时注意不要锁定关节,过头顶后就可以下落,这样肩部会一直处于紧张状态。

(3)易犯错误:肩胛骨未下沉收缩,肘关节在顶端锁死。

(4)注意事项:动作过程中身体不要前后摆动以利用惯性给予助力;练习过程中保持手腕紧张,手腕向前或向后转动都会增加腕部和肩部受伤的危险。

四、上臂肌肉抗阻练习

锻炼上臂两个肌群的训练在健身练习者中是非常流行的,特别是在那些刚开始进行力量训练的练习者中。当上臂两个肌群进行正确训练时,相比较身体其他部位的肌群来说,它们会在较短时间内发生较明显的肌肉体积的改变。

(一)肱二头肌——上臂前侧(正面)

自由重量的肱二头肌哑铃弯举,是锻炼上臂前侧肌群的理想动作。

哑铃弯举又称胸前弯举、负重弯举等,简称弯举,主要锻炼肱肌、肱二头肌、肱桡肌。

哑铃弯举属于单关节的动作,因此练习者在用这个动作锻炼手臂肱二头肌的时候,很容易就能体会到肱二头肌的发力。这个动作能使练习者拥有高高隆起的上臂屈肌,深受大家青睐。动作要领示范见图 5-5。

图 5-5 哑铃弯举动作要领示范

1.动作要领

双脚与肩同宽站立，挺胸收紧腰腹，双手夹紧身体两侧握住哑铃放于体侧前，后背部挺直，目视前方，膝关节微微弯曲以减轻下背部压力。肘关节固定，保持肘关节和上臂与地面垂直并紧贴身体两侧，避免肘部和上臂向后或向两侧移动，肱二头肌和肱肌等主动收缩，前臂缓缓上举逐渐向上臂靠拢，至上述肌肉不能收缩为止。停顿保持片刻，然后慢慢下放还原。

2.练习要求

运动负荷：4～6 组，每组 6～12 次，重量 8～12RM。

组间间歇时间：30～60 秒。

小贴士

(1)目标肌群：肱二头肌、肱肌、肱桡肌。

(2)动作特点：挺胸，肩胛骨下沉收缩，肘关节固定，确保核心收紧。

(3)注意事项：建议在哑铃弯举的动作过程中，向上举起控制在 2 秒，停顿 1 秒，还原 3 秒。

(4)易犯错误：双手和手腕松弛未收紧；核心区松弛；三角肌代偿；弯举动作过快，下降退让过程控制不够并且身体摆动。

(二)肱三头肌——上臂后侧(背面)

仰卧肱三头肌伸展也称仰卧(杠铃、哑铃)臂屈伸。以杠铃为例,仰卧杠铃臂屈伸是锻炼肱三头肌最基础也是最有效的动作之一。该动作主要锻炼的是肱三头肌,但对胸大肌、前锯肌和背阔肌也有一定的锻炼作用。动作要领示范见图 5-6。

图 5-6 仰卧杠铃臂屈伸动作要领示范

1.动作要领

身体仰卧在长凳上,双手窄握曲柄杠铃,与肩同宽并且双臂向上伸至垂直于肩部。大臂保持稳定不动,双肘关节弯曲,使双手持杠铃慢慢向头部上方运动下降,当下降至额头后时伸直小臂,使肱三头肌做伸展运动,呼气的同时双臂回到起点,稍停顿动作 2 秒,然后重复以上动作至推荐次数。

2.保护与帮助

协助者站于练习者身后(5～15 厘米),双手放在杠铃杆下,保护练习者的头部,宽距抓握杠铃杆并紧随杠铃杆移动,在必要时提供帮助。

3.练习要求

运动负荷:4～6 组,每组 6～12 次,重量 8～12RM。

组间间歇时间:30～60 秒。

小贴士

(1)目标肌群:肱三头肌,对胸大肌、前锯肌和背阔肌也有锻炼。

(2)动作特点:挺胸,肩胛骨下沉收缩;动作过程中确保身体稳定,核心收紧,避免摇晃借力;整个动作过程中注意保持上臂固定。

(3)注意事项:保持上臂固定,屈肘将杠铃以半圆形轨迹降低,同时吸气。动作有序并控制速度,切记不要使用过大重量。

五、下肢肌肉抗阻练习

在正常情况下,除运用外力和机械之外,能使人体产生移动的方法就是双腿运动。下肢还与我们跑、跳、身体快速启动和迅速制动有关,在大多数的动作中,下肢肌肉起着稳定上半身的作用,使人体能够负重和直立行走。结实有力的下肢,使人的体形匀称、看起来挺拔美观。

因为牵涉多关节运动和单关节运动,大腿与臀部的训练被认为是对身体要求特别高的运动。

深蹲是代表性的下肢练习动作,它可以训练到大腿、臀部、大腿后肌,同时可以强化骨头、韧带和横贯下半身的肌腱。深蹲被认为是增长腿部和臀部的力量和围度,以及发展核心力量必不可少的练习。动作要领示范见图 5-7。

图 5-7　动作要领示范

1.动作要领

抬头挺胸直腰，背部挺直。两脚间距一般同肩宽，两脚应呈 30～45 度角的自然站位，深吸气的同时慢慢屈膝控制下蹲，下蹲时膝关节的方向与脚尖的方向一致，蹲至大腿平行于地面或稍低于膝。下蹲速度不宜过快，应掌握好节奏。蹲起阶段，注意力集中在腿部，腿部用力，同时呼气；头要抬起，想象蹬腿用力使头能向上顶，整个蹲起过程要保持重心稳定。

2.练习要求

运动负荷：4～6 组，每组 10～15 次，自身重量。

组间间歇时间：30～60 秒。

小贴士

(1)目标肌群：股四头肌、臀大肌、股二头肌、核心肌群及背部肌群。

(2)动作特点：挺胸，肩胛骨下沉收缩；动作过程中确保身体稳定，脊柱居中，挺胸，避免弓背，上下直线运动。

(3)注意事项：站立时膝关节最好保持微屈，目的是让大腿保持持续张力，使更多的肌纤维参与工作，并可减轻膝关节受力，防止膝关节损伤。

六、核心肌肉抗阻练习

核心肌肉按功能一般分为三个区域——躯干前部肌肉、躯干两侧肌肉和下背部肌肉，包括腹直肌、腹横肌、腹内外斜肌、竖脊肌。

核心肌肉负责三个不同方向的运动。如果是站着或坐着，腹直肌和腹横肌收缩会使身体向前倾；腹内斜肌和腹外斜肌使躯干旋转、侧屈；竖脊肌使躯干后伸呈反弓。如果是仰卧，腹直肌和腹横肌收缩可以从垫上抬高上半身或下半身。侧躺时，腹内斜肌和腹外斜肌可以从两侧移动上下身或抬高髋部。当俯卧时，竖脊肌从地板上抬同上半身或下半身。

本节重点讲解腹部肌肉中的腹直肌。腹直肌收缩可以使躯干弯曲并可以防止骨盆前倾，对于腰椎的活动和稳定性也有相当重要的作用。仰卧卷腹是练习腹肌的基础动作，该动作难度低，效果好，练习者比较容易掌握腹肌的发力感觉。腹直肌代表性锻炼动作是屈膝仰卧卷腹，动作要领示范见图 5-8。

图 5-8　屈膝仰卧卷腹动作要领示范

1.动作要领

身体仰卧平躺在垫子上，双腿弯曲踩实地面，双臂屈肘，双手放于胸前或耳侧，放松背肌和脊柱，利用腹直肌收缩的力量抬起上背，卷曲身体并呼气，感觉腹肌充分发力。腹部卷起到最高点时，停顿 2 秒，身体下落时吸气。下落到肩部着地（头部不要贴地）再起身，然后重复进行练习。

2.练习要求

运动负荷：4～6 组，每组 15～30 次，自身重量。

组间间歇时间：30～60 秒。

小贴士

（1）目标肌群：腹直肌和背部肌群。

（2）动作特点：仰卧起坐要求臀部不能离地，而卷腹要求下背部不离地，因此卷腹要比仰卧起坐幅度小，更安全可靠，但对腹部刺激更持续，因为抬起身体超过 30 度，腹部基本不受力。

（3）注意事项：运动时手不要借力，防止对颈椎造成损伤；卷腹时配合好呼吸；循序渐进，不要急于求成，以免造成运动损伤。

本章作业

1.试述身体主要部位肌肉的代表性抗阻运动及练习方法。

2.举例说明抗阻训练动作练习的步骤分析。

3.简述抗阻训练动作重复过程中如何正确呼吸。

4.根据表 5-1 制定适合自己的练习负荷。

表 5-1 训练计划表

	肌群	练习	训练负荷		周								
					第一次			第二次			第三次		
				组	1	2	3	1	2	3	1	2	3
1	胸部	卧推	40～60千克	重量									
				次数									
2	背部	引体向上	自重	次数									
3	肩部	站立推举	15～30千克	重量									
				次数									
4	肱二头肌	杠铃弯举	10～25千克	重量									
				次数									
5	肱三头肌	仰卧杠铃臂屈伸	10～20千克	重量									
				次数									
6	腿部	深蹲	自重	次数									
7	核心	屈膝仰卧卷腹	自重	次数									
体重(千克)													
日期													
自我评价													
注意事项													

注：组间休息时间为 30～90 秒。

不同组合的效果因为不同的练习次数而不同，具体如下：

(1)最大练习次为 1～3 次，长间歇(120～180 秒)，主要增长肌肉的力量。

(2)最大练习次为 6～10 次，中间歇(60～90 秒)，主要增长肌肉的围度。

(3)最大练习次为 12～20 次，短间歇(30～60 秒)，主要锻炼肌肉的线条、提高肌肉的弹性。

第六章
有氧运动

进行有氧运动时需要大量吸入空气，可以增强肺活量和心脏功能。长期坚持有氧运动能够增加体内血红蛋白的数量，提高机体抵抗力，增强大脑皮层的工作效率，增加脂肪消耗，防止动脉硬化，降低心脑血管疾病的发病率。

第一节　有氧运动概述

有氧运动的目的在于增强心肺耐力。在运动时，由于肌肉收缩需要大量能量和氧气，所以心脏的收缩次数、每次压送出的血液量、呼吸次数、肺部的收张程度均增加。当运动持续进行、肌肉长时间收缩时，心肺就必须努力地供应氧气给肌肉，并运走肌肉中产生的废物。这可以提高心肺的耐力，当心肺耐力增加了，身体就可以从事更长时间或更高强度的运动，而且不易产生疲劳感。

人体在运动中需要燃烧燃料，人类的“燃料”是糖类、蛋白质和脂肪，它们都储存在人体的细胞中，当人体运动时，就会消耗这些“燃料”以获得动力。

有氧运动通过长时间持续锻炼对身体产生刺激，从而提升身体机能和有氧代谢能力。

一、有氧运动常见的训练方法

（一）间歇训练法

间歇训练法是指在两次练习之间有适当的间歇时间，在间歇期间进行强度较低的练习而不是完全休息。由于间歇训练对练习的距离、强度、每次练习的时间及每次练习的间歇时间都有严格的规定，往往不等身体机能完全恢复就开始下一次练习，因此，对身体机能要求较高，能引起身体结构、机能及生物化学等方面较深刻的变化。

（二）持续训练法

长时间持续运动可以对人体生理机能产生诸多良好的影响，如提高大脑皮层神经过程的均衡性和机能稳定性，改善参与运动的有关中枢神经间的协调关系，提高心肺功能等。

二、如何提升有氧运动能力

提高身体有氧工作能力的训练，强度要控制在有氧代谢范畴之内，因此，运动负荷量和负荷强度的安排至关重要，只有在运动负荷量和强度适宜、最大限度动用机体有氧代谢系统使其处于最大应激状态下的训练，才能有效提高身体的有氧工作能力。

三、有氧运动锻炼原则

（一）适度锻炼

大运动量的健身运动有可能会慢慢损伤人的身体，对于运动基础较弱的锻炼者来说，每周跑步超过 20 千米就有些过量了。建议每周锻炼 3～5 次，每次 30 分钟。

（二）交替锻炼

可以第一天选择骑自行车，第二天选择慢跑；或者跑步时的速度时快时慢，增强对心脏的锻炼。

（三）不以体重论健康

锻炼通常能降低体重，但体重并不能说明什么，勤于健身的胖子可能比坐着不动的瘦子更健康，因此，不要为体重超过标准而忧心忡忡。

（四）灵活多样

健身是一个系统工程，体育锻炼对身心健康非常有必要，但并不是万能的，想要真正的健康，平时还要注意饮食、戒烟、控制饮酒，精神不要过于紧张。

第二节　有氧运动技术分析与练习方法

有氧运动种类多、领域广，同一种运动方式，因运动强度和时间不同，既有可能是有氧运动，也有可能是无氧运动。为了让大家掌握有氧锻炼的基本方法，能够制定合理的有氧锻炼方案，本节选取了有氧运动中简单可行的几种运动方式，如呼吸训练、跳绳、健步走、慢跑、瑞士球训练，为大家进行详细讲解。

一、呼吸训练

呼吸练习主要的作用是激活腹部肌肉。由于呼吸是自发进行的，只有当呼吸无法满足需要时，我们才会感受到它，如在生活中追赶公交车时，身体新陈代谢速率的迅速改变使人体的呼吸必须在极短的时间内进行调整，这时身体会感到不适。

呼吸是人的生存之本，假如你每分钟呼吸 20 次，一天 24 小时需要呼吸多少次？答案是两万多次。当你把呼吸练习成为一种良好习惯时，它对你的瘦腹和瘦腰计划会大有益处。

（一）腹式呼吸

1.动作要领

腹式呼吸也被称为深呼吸。练习中，做吸气动作时腹部用力向外隆起，呼气时使腹部肚脐位置向内收紧，腹部用力拉向脊柱，收腰收腹。肩部放松，挺胸抬头。该练习的作用主要是有效激活横膈肌和腹横肌。动作要领示范见图 6-1。

图 6-1　腹式呼吸动作要领示范

2.练习要求

（1）运动强度：低强度。

（2）运动次数：20 次每组，每次 4～6 组。

（3）运动时间：每个动作时间 8～10 秒，每组间休息 20～30 秒。

小贴士

（1）目标肌群：横膈肌、腹横肌。

（2）动作特点：提升呼吸机能，增强腹肌力量。

（3）注意事项：切记不要在练习过程中憋气，保持呼吸顺畅，吸气时腹部隆起，呼气时腹部内收。

（4）易犯错误：吸气时将气体吸入胸腔；吸气时收腹、耸肩、含胸、弯腰。

（二）肋间肌呼吸

1.动作要领

采用站姿或坐姿，双手放置于两侧肋间，吸气时肋骨充分向两侧扩张打开，将气体吸入胸腔，使肋骨向两侧扩张。呼气时收腰、收腹、肋骨向内侧收缩，用力收盆底肌。该动作与腹式呼吸相比，腹式呼吸是将气体吸入腹部，肋间肌呼吸是将气体吸入胸腔，使胸腔充分向两侧扩张。动作要领示范见图 6-2。

图 6-2　肋间肌呼吸动作要领示范

2.练习要求

(1)运动强度:低强度。

(2)运动次数:20 次每组,每次 4～6 组。

(3)运动时间:每个动作时间 8～10 秒,每组间休息 20～30 秒。

小贴士

(1)目标肌群:肋间肌。

(2)动作特点:加强肋间肌的力量,增加肺活量;加强腹部及盆底肌肉力量,促进血液循环,缓解腰背痛并具有瘦腰的效果。

(3)注意事项:在练习时不要耸肩,注意力集中,肋间肌呼吸与胸式呼吸不同,该动作是将气体吸入至上半身中间位置。

(4)易犯错误:吸气时将气体吸入腹部,吸气耸肩、含胸、弯腰。

(三)胸式呼吸

1.动作要领

采用站姿或坐姿,一侧手放于胸口前,吸气时将气体吸入至胸腔,使胸腔充分前后扩张,两侧肋骨顺势向两侧扩张,以胸腔扩张为主,两侧肋骨扩张为辅,吸气时挺胸,呼气时胸腔回收到原始位置。整个呼吸过程中胸腔为前后运动。动作要领示范见图 6-3。

图 6-3 胸式呼吸动作要领示范

2.练习要求

(1)运动强度:低强度。

(2)运动次数:20 次每组,每次 4～6 组。

(3)运动时间:每个动作时间 8～10 秒,每组间休息 20～30 秒。

小贴士

(1)目标肌群:肋间肌、横膈肌。

(2)动作特点:加强呼吸肌的力量,打开胸腔,缓解胸闷等症状。

(3)注意事项:在练习时不要耸肩,胸廓前后侧同步扩张,身体其他部位放松,注意力集中,与肋间肌呼吸相比,该动作是将气体吸入上半身最顶部胸腔位置,避免气体吸入腹部。

(4)易犯错误:吸气时将气体吸入腹部,吸气耸肩、含胸、弯腰。

(四)单侧肋间肌呼吸

1.动作要领

坐姿,身体先向一侧弯曲,充分拉伸另一侧肋骨,吸气时单侧肋骨充分向外扩张,呼气时肋骨向内收缩还原。动作要领示范见图 6-4。

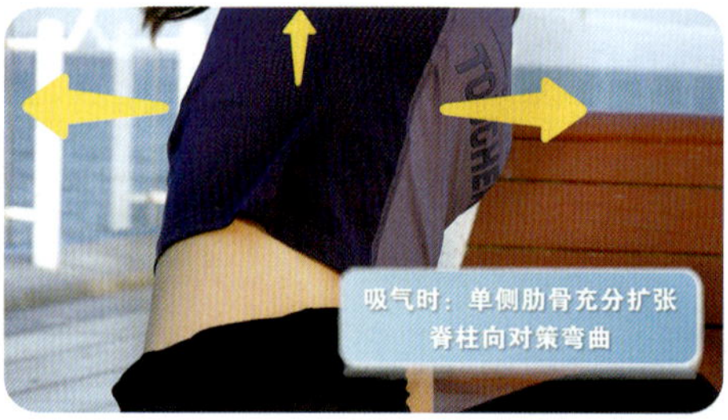

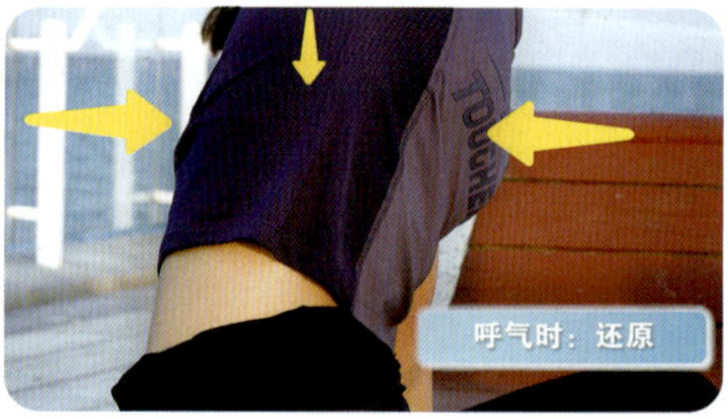

图 6-4　单侧肋间肌呼吸动作要领示范

2.练习要求

(1)运动强度:低强度。

(2)运动次数:20 次每组,每次 4～6 组。

(3)运动时间:每个动作时间 8～10 秒,每组间休息 20～30 秒。

小贴士

（1）目标肌群：肋间肌。

（2）动作特点：加强肋间肌的力量，打开侧链，拉伸侧腰。

（3）注意事项：在练习时不要耸肩，单侧肋骨充分扩张，身体其他部位放松，注意力集中，可将手放置于呼吸侧胸廓，帮助增加本体感觉。

（4）易犯错误：吸气时将气体吸入腹部或胸腔，吸气时身体没有充分向一侧拉伸。

（五）侧后式呼吸

1.动作要领

采用俯卧位，屈髋、屈膝，趴在垫子或桌子上。吸气时肋骨用力向后背部位充分扩张，呼气时还原，后背部位及肋骨向内收缩。动作要领示范见图 6-5。

图 6-5　侧后式呼吸动作要领示范

2.练习要求

（1）运动强度：低强度。

（2）运动次数：20 次每组，每次 4～6 组。

(3)运动时间:每个动作时间 8～10 秒,每组间休息 20～30 秒。

小贴士

(1)目标肌群:肋间肌。

(2)动作特点:加强肋间肌的力量,伸展后背部肌肉群。

(3)注意事项:身体充分伸展,其他部位放松,注意力集中。可将双手放置于胸廓侧后方,帮助寻找感觉,避免将气体吸入至腹部及胸腔最顶部。

(4)易犯错误:吸气时将气体吸入腹部或胸腔。

二、跳绳

跳绳被称为“燃脂之王”,因为当跳绳速度超过每分钟 140 次或持续 30 分钟以上时,其燃脂效率是慢跑的 2～3 倍,是快走运动的 6～8 倍。跳绳是一项非常高效的燃脂训练项目,虽然简单,但是如果运动的方式不正确,不仅达不到锻炼的效果,还会给身体带来不必要的伤害。

跳绳是一项全身性运动,正确的锻炼方法可以带来高效的减脂和健身效果,增加身体抵抗力和耐力,促进血液循环,增强身体的协调能力。注意,跳绳前要进行热身运动。

(一)基础跳绳

1.动作要领

双脚微微分开,膝关节微屈,挺胸收腹,眼睛直视前方,上臂保持不动,手腕发力摇绳,脚后跟抬起,每次跳跃时前脚掌着地。动作要领示范见图 6-6。

图 6-6 基础跳绳动作要领示范

2.练习要求

(1)运动强度:中等强度。

(2)运动负荷:30 秒每组或 100 次每组,每次做 4～6 组,组与组之间休息 20～30 秒。

(二)单脚交替跳绳

1.动作要领

手腕发力摇绳,挺胸收腹,双脚分别各跳一次,左右依次交替,保持动作连贯,手臂摇绳次数与双脚每次落地次数同步。动作要领示范见图 6-7。

图 6-7 单脚交替跳绳动作要领示范

2.练习要求

(1)运动强度:中等强度。

(2)运动负荷:30 秒每组或 100 次每组,每次做 4～6 组,组与组之间休息 20～30 秒。

(三)单脚左右跳绳

1.动作要领

保持身体的稳定性,核心收紧,跳绳过程中,向一侧跳开一只脚,另一只脚跟随但不要着地,然后再向另一侧跳出非支撑腿,支撑腿跟随,手臂摇绳次数与双脚每次落地次数同步。动作要领示范见图 6-8。

图 6-8　单脚左右跳绳动作要领示范

2.练习要求

(1)运动强度:中等强度。

(2)运动负荷:30 秒每组或 100 次每组,每次做 4～6 组,组与组之间休息时间 20～30 秒。

(四)左右跳绳

1.动作要领

保持身体协调,在跳绳过程中双腿并拢,同时向一侧跳起,落地后再向另一侧跳起,手臂摇绳次数与双脚每次落地次数同步。动作要领示范见图 6-9。

图 6-9 左右跳绳动作要领示范

2.练习要求

(1)运动强度:中等强度。

(2)运动负荷:30 秒每组或 100 次每组,每次做 4~6 组,组与组之间休息时间 20~30 秒。

(五)前后跳绳

1.动作要领

核心收紧,手腕发力摇绳,跳绳的同时,双脚并拢向前、向后交替跳跃,手臂摇绳次数与双脚每次落地次数同步。动作要领示范见图 6-10。

图 6-10　前后跳绳动作要领示范

2.练习要求

(1)运动强度:中等强度。

(2)运动负荷:30 秒每组或 100 次每组,每次做 4～6 组,组与组之间休息 20～30 秒。

(六)高抬腿跳绳

1.动作要领

双腿分别做高抬腿跳,手摇绳一次,腿跳跃一次,依次交替,腿上抬幅度控制在自己的能力范围内。动作要领示范见图 6-11。

图 6-11　高抬腿跳绳动作要领示范

2.练习要求

(1)运动强度:中等强度。

(2)运动负荷:30 秒每组或 100 次每组,每次做 4～6 组,组与组之间休息 20～30 秒。

(七)十字跳绳

1.动作要领

从双脚打开与肩同宽开始,双腿交叉跳跃一次后还原至双腿分开状态,然后双腿换方向交叉跳跃,手臂摇绳次数与双脚每次落地次数同步。动作要领示范见图 6-12。

图 6-12　十字跳绳动作要领示范

2.练习要求

(1)运动强度:中等强度。

(2)运动负荷:30 秒每组或 100 次每组,每次做 4～6 组,组与组之间休息 20～30 秒。

(八)前后交叉跳绳

1.动作要领

与十字跳绳相比,前后交叉跳绳没有双腿分开与肩同宽的过程,跳动时以前腿摆动为主,后腿不分开至最宽点,交替两次后换方向进行交叉练习，依次重复，手臂摇绳次数与双脚每次落地次数同步。动作要领示范见图 6-13。

图 6-13　前后交叉跳绳动作要领示范

2.练习要求

(1)运动强度：中等强度。

(2)运动负荷：30 秒每组或 100 次每组，每次做 4～6 组，组与组之间休息时间 20～30 秒。

小贴士

(1)动作特点：提升心肺功能，锻炼身体协调性。

(2)注意事项：在练习时身体保持正直，双肩放松，手臂与膝关节微屈，呼吸及动作速度要均匀。尽量用前脚掌起跳和落地，缓和膝关节和脚踝与地面接触时的冲撞，体重基数比较大及膝关节有损伤的人群要慎重选择该项目，练习结束后注意拉伸放松。

(九)跳绳常用的练习方法

1.持续训练法

例如：持续 10 分钟不间断练习，根据个人身体情况调整速度的快慢，心率为 130～150 次/分钟。随着能力的提升，逐渐加快动作的速度、难度、持续时间，注意控制最大心率。

2.重复训练法

例如：选择 2～4 个动作，每个动作 50 次/组，或一分钟一组，重复 4 组，根据个人能力选择次数和时间，循序渐进地进行练习。

3.间歇训练法

为了提高肌肉在高强度运动下的耐疲劳能力，扩大有氧容量，提高长时间保持正确技术动作的能力，可以选择此种方法。例如：运动 3 分钟，休息 3 分钟，重复 4～6 组。运动休息时间比例为 1∶1。

4.变换训练法

为了提高练习者的兴趣和积极性，可以将跳绳的不同方式穿插组合进行练习。例如：30 秒双脚跳、30 秒前后跳、30 秒左右跳为一组，重复 4～6 组，要结合训练阶段、身体状态来调整训练，以免造成伤害。

小贴士

(1)膝关节微屈 3～5 度。
(2)前脚掌着地。
(3)呼吸均匀。
(4)收腹、直视前方。
(5)一周后逐渐增加次数和组数。
(6)运动后注意拉伸放松肌肉。

三、健步走

每天走一万步好吗？“每天走一万步”这个说法据说是 1964 年东京奥运会期间，一个日本计步器厂商为了推销自己设计的产品而推出的广告词，大家千万不要把这个说法当成至理名言，由于每个人的身体状况、年龄、膝关节状态都不尽相同，应当根据自身的情况来制定运动方案。健走有益，暴走伤身！

各地流行的暴走团对身体是有益的吗？健步走与日常生活中的散步是截然不同的，健步走的速度要比平时走路快一些。快到什么程度？正确的状态应当是让自己感觉到稍微有点吃力，呼吸节奏和心率都快了一些，微微出汗。可以每天在日常走路的基础上，额外走 3000～8000 步，根据自身身体状况，循序渐进。暴走团的走路速度过快，对于不同身高、不同体重、不同年龄、不同身体状况的人群来讲，采用同样的步伐、频率和强度去运动显然是不合适的。

健步走是一项讲究姿势、速度和时间的步行运动，它行走的速度和运动量介于散步和竞走之间。健步走该如何去走？又有哪些注意事项呢？下面向大家详细讲解。

（一）身体姿态

放松肩膀及颈部肌肉，肩部向后展开，颈部肌肉放松。保持头部、颈部、身体与地面垂直，下巴与地面平行，眼睛平视前方。臀部稳定，前后移动，不要左右摇晃，不要收紧臀部，避免背部肌肉过于紧张。肘关节自然弯曲，前后摆动，不需要过度用力摆臂。动作要领示范见图 6-14。

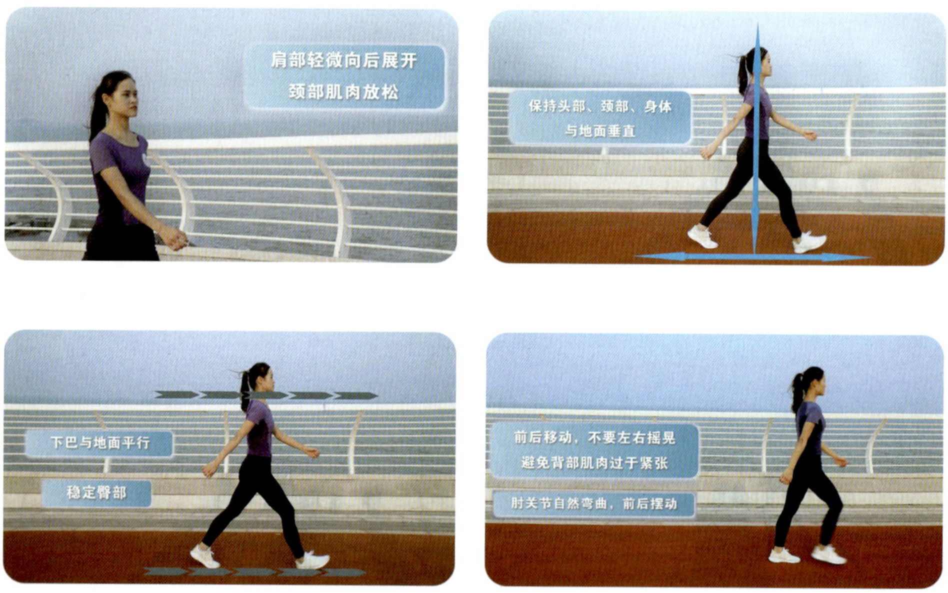

图 6-14　身体姿态

（二）步频

步频是健步走运动获取锻炼效果的重要指标，不同的步频有不同的锻炼效果。初级阶段每分钟 70～90 步较为适宜。

（三）脚着地方式

一侧脚跟着地，逐渐滚动至全脚掌撑地，脚尖踩地时脚趾抓地，以脚趾发力蹬离地面，以上为一个完整步幅。每走出一步都要用脚趾发力蹬离地面，正确的动作能缓冲足弓压力。动作要领示范见图 6-15。

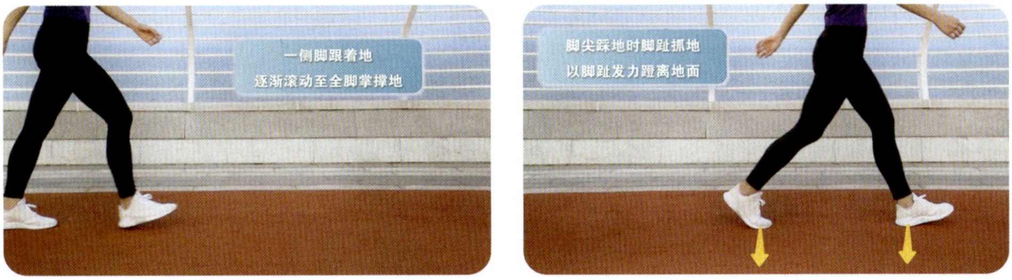

图 6-15 脚着地方式

（四）呼吸方法

呼吸节奏均匀，可采用腹式呼吸，吸气时腹部凸起，呼气时腹部内收。一般是采用口和鼻同时呼吸，以口呼吸为主。呼吸要有节奏，一般是两步一呼两步一吸。

（五）制定健步走锻炼计划

第一个阶段为基础阶段：持续 1～2 周，每周进行 3～5 次锻炼，步频每分钟 70～90 步，比散步稍快，运动时间维持在 20～30 分钟。

第二个阶段为中级阶段：持续 3 周，每周 5 次运动，每次持续时间 30～40 分钟，锻炼者逐渐提高步频及运动时间，遵循循序渐进的原则，切勿突然加大运动量、调整健步走姿势。

第三个阶段为高级阶段：持续 4 周，每周 5～7 次运动，每次运动时间不少于 60 分钟，步频每分钟 110～130 步。

四、慢跑

慢跑能给你的身体带来什么样的改变？坚持跑步一周，心肺功能开始变强；坚持跑步一个月，体重开始下降；坚持跑步三个月，抵抗力开始增强，不会轻易感冒和生病；坚持跑步一年，可以远离亚健康和三高，神采奕奕；坚持跑步三年后，已经开始享受流汗的感觉，自律又自信。

慢跑首先要学会控制速度，选择适合自己的节奏。控制速度的目的是把心率控制在既有锻炼效果、又不会让身体过度疲劳的区间。一种简单的评价方法是把跑步速度保持在能说话，但是不能随意交谈的状态。

(一)慢跑的正确姿势

1.脚着地方式

足中部着地对初中级跑步者来说是个很好的选择,可以减少震动,缓解对小腿肌肉和足腱的压力。动作要领示范见图 6-16。

图 6-16 脚着地方式

2.臀部和头部的姿势

着地时脚在重心线的末端,头、臀、脚三点成一线。头部保持正直,目光正视前方。转头时通常是脖子以上部分转动,应避免身体的扭转。动作要领示范见图 6-17。

图 6-17 臀部和头部姿势

3.手臂的姿势

跑步时自然摆臂很重要,正确的摆臂姿势可以起到维持身体平衡、协调步频的作用。摆臂时肩部要放松,两臂各弯曲约成 90 度,两手半握拳,自然前后摆动,前摆时稍向内,后摆时稍向外。动作要领示范见图 6-18。

图 6-18　手臂姿势

4.膝关节的位置

长距离跑步时膝关节不要抬得太高，只有短跑选手或长跑上坡时才需要抬高膝关节部位。

5.运动节奏

慢跑时，一是要掌握步幅，通过步幅来控制动作节奏和速度；二是要控制呼吸，呼吸应深长而有节奏，可两步一呼、两步一吸，亦可三步一呼、三步一吸，宜用腹式深呼吸，吸气时鼓腹，呼气时收腹。

（二）慢跑的益处

（1）减肥：易于燃脂、美体塑形。

（2）预防疾病：预防心血管疾病、提高免疫力、缓解精神压力。

（3）促进健康：抗衰老、纠正不良体态、锻炼身体腰背和腹肌力量、增强腿部及膝关节肌肉力量、促进健康睡眠、加速身体新陈代谢。

（三）慢跑的练习方法

（1）走跑交替：适合体质弱、体重大和缺乏锻炼的人群。例如：先走100～200米，然后慢跑300～500米，重复数次。初次参加锻炼的人，可以选择走一分钟，跑一分钟，交替进行。经过锻炼后逐渐缩短走路时间，增加跑步时间。

（2）匀速跑：在跑步过程中，速度基本保持不变，均匀分配体力。

（3）变速跑：快跑和慢跑交替进行。变速跑可以选择变化速度、距离、直道或弯道、上坡或下坡等方式，更适合有一定运动基础的人群，初学者应先从前两种较为轻松的跑步方式进行锻炼，循序渐进，量力而行。

（四）慢跑的注意事项

（1）运动强度应该循序渐进，每周增量为上周跑量的5%～10%。运动时呼吸应深长而有节奏，不要憋气。

(2)慢跑时每分钟最大心率应为220减去年龄。例如，30岁的人慢跑时的最大心率为每分钟220－30＝190次，慢性病患者及体重过大者跑的速度还可再适当降低，距离也可适当减少。

(3)跑前应做充分的热身运动，防止运动损伤。

(4)在慢跑过程中应时刻关注自身状况，如有不适应当立即停止运动，待不适缓解后继续进行锻炼。

(5)有心脑血管疾病的人群在运动时应随身携带常用急救药物。

(6)慢跑的时间取决于慢跑者的训练程度。对于初学者或是中断体育运动较长时间的人来说，开始阶段可以每次跑步15～20分钟，跑步前要有热身，运动后有拉伸放松，慢跑时间可以在一个月内逐步提升到每次20～30分钟。慢跑运动的关键在于坚持，平均一周需要3次以上的训练，循序渐进地增加运动量和运动强度。

(五)慢跑三字经

慢跑三字经

初跑者，勿心急，
讲科学，身心益，
刚开始，靠毅力，
时间长，会痴迷，
周四次，见效益，
贵坚持，不放弃，
看自己，莫攀比，
先热身，伤痛离，
慢起步，渐加速，
跑动中，调呼吸，
能交谈，最适宜，
勿气喘，控心率，
强身体，心情愉。

五、瑞士球训练

所谓的“核心”不是某一个单独的部位，也不是某一块单独的肌肉，而是指我们身体胸腔以下、盆腔以上的腰部、腹部、脊柱、脊柱周围的肌肉、盆骨以及髋关节。简单地说，核心肌群就是腰、臀、腹周围那一圈肌肉(见图6-19)。

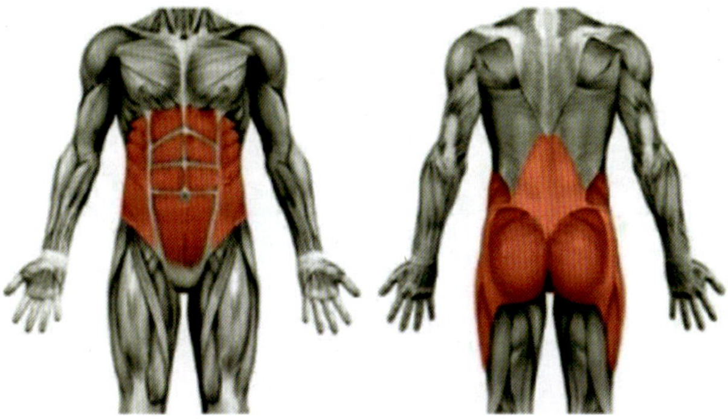

图 6-19　核心肌群

瑞士球训练不仅是一项有氧运动项目，也是重要的核心区训练方式之一，对腰腹肌群及核心力量有很好的锻炼效果。瑞士球训练的应用领域和训练方法非常多，练习者可以根据自身状况随时调整运动强度和使用方式。常见瑞士球型号见表 6-1。

表 6-1　瑞士球型号及适用身高

瑞士球型号	瑞士球半径	适用身高
小型	35 厘米	145 厘米以下
中型	45 厘米	140～165 厘米
大型	55 厘米	168～185 厘米
超大型	65 厘米	185～195 厘米
最大型	75 厘米	195 厘米以上

瑞士球训练最初应用于康复医疗领域，用来帮助运动神经受损的人恢复平衡和运动能力，目前早已被推广为一种流行的健身运动方式，在专业运动员核心力量训练领域中也是必不可少的。瑞士球训练可以纠正身体错误姿势，增强肌肉力量，能提高本体感觉、身体平衡及肩关节、髋关节的稳定性，但这仅是其功能的一小部分。下面为大家讲解几种较为容易掌握的瑞士球训练方法。

（一）仰卧挺髋

1.动作要求

采用仰卧姿势，保持肩背部位于瑞士球上方，双脚分开撑地，双手叉腰，髋关节慢慢上挺至最高点，再缓缓放下，做动作时双脚与肩部尽量保持稳定。动作要领示范见图6-20。

图 6-20　仰卧挺髋动作要领示范

2.练习要求

(1)运动强度：低强度。

(2)运动次数：12～16 次/组，每次 2～4 组。

(3)运动时间：每个动作时间为 8～10 秒，动作越慢越好，组间休息 20～30 秒。

（二）俯卧挺身

1.动作要求

采用俯卧姿势，保持髋关节部位于瑞士球上，双脚脚尖着地，双手位于身体两侧，以髋关节部位为轴，下肢保持不动，上肢最大限度向上挺身，挺到最高点后缓慢向下回到起始位置。动作要领示范见图 6-21。

图 6-21　俯卧挺身动作要领示范

2.练习要求

(1)运动强度:低强度。

(2)运动次数:12~16 次/组,每次 2~4 组。

(3)运动时间:每个动作时间为 8~10 秒,动作越慢越好,组间休息 20~30 秒。

(三)仰卧夹球举腿

1.动作要求

采用仰卧姿势平躺于地面,大腿和小腿折叠成 90 度将瑞士球夹在两腿之间,腿部夹球上举时将膝关节尽量向胸口靠拢,下放时夹紧瑞士球缓慢下落,球不能着地。动作要领示范见图 6-22。

图 6-22 仰卧夹球举腿动作要领示范

2.练习要求

(1)运动强度:低强度。

(2)运动次数:12~16 次/组,每次 2~4 组。

(3)运动时间:每个动作时间为 8~10 秒,动作越慢越好,组间休息 20~30 秒。

（四）俯卧举腿

1.动作要求

采用俯卧姿势，保持髋关节部位于瑞士球上，双手伸直撑地，双腿伸直悬空，以髋部为轴，上肢保持静止不动，双腿并拢伸直最大限度上举，抬到最高点后再缓慢放下。动作要领示范见图 6-23。

图 6-23　俯卧举腿动作要领示范

2.练习要求

（1）运动强度：低强度。

（2）运动次数：12～16 次/组，每次 2～4 组。

（3）运动时间：每个动作时间为 8～10 秒，动作越慢越好，组间休息 20～30 秒。

（五）仰卧左右转体

1.动作要求

采用仰卧姿势，保持肩部位于瑞士球上，双脚弯曲撑地，小腿与大腿之间呈 90 度，双手伸直合拢位于身体正前方，先向左转体 90 度再慢慢复位，然后向右转体 90 度后再还原。做该动作时下肢保持静止不动，避免塌腰，身体转动角度不要过大。动作要领示范见图 6-24。

图 6-24　仰卧左右转体动作要领示范

2.练习要求

(1)运动强度:低强度。

(2)运动次数:12～16 次/组,每次 2～4 组。

(3)运动时间:每个动作时间为 8～10 秒,动作越慢越好,组间休息 20～30 秒。

(六)跪姿俯卧撑球

1.动作要求

采用跪姿,双手合十撑于瑞士球上方保持稳定,肘关节向两侧打开,以膝关节为支撑点,向前伸展身体至手肘覆盖于瑞士球上,再慢慢往回收至双手撑球。动作要领示范见图 6-25。

图 6-25　跪姿俯卧撑球动作要领示范

2.练习要求

(1)运动强度:低强度。

(2)运动次数:12～16 次/组,每次 2～4 组。

(3)运动时间:每个动作时间为 8～10 秒,动作越慢越好,组间休息 20～30 秒。

小贴士

(1)目标肌群:核心肌肉群。

(2)动作特点:提升身体核心力量,增强身体稳定性,增强肩、髋关节力量。

(3)注意事项:做动作时,速度尽可能放慢,动作越慢锻炼效果越好,注意每个动作的起始点,把动作做完整,避免动作越来越小,如感觉无法保证动作的准确度时,可以先终止运动,稍微休息后再继续进行练习。

(4)易犯错误:全身用力过度,肌肉过于紧张。

本章作业

1.从呼吸训练常见的几种练习方法中每次选择 2 种,按照练习的要求,根据自身状况制定运动计划。可以对着镜子进行练习,录制视频观看锻炼动作是否正确。每周锻炼 3～5 次,每次可自行选择不同动作练习 20～30 分钟。

2.从跳绳练习的几种常见方法中,自行选择至少 4 种动作,完成 20 分钟有计划、有间歇的运动,记录运动后的心率。初级阶段可以先选择简单的动作,随着协调性的增强,从易到难逐渐过渡,每周锻炼 3～5 次,每次运动总时间不少于 30 分钟。

3.一周内完成 3 次健步走的锻炼,每次运动 20～30 分钟,步频根据自身状况进行合理的调整,选择适宜的运动强度,走路时注意纠正自身错误动作,每次运动时间不少于 30 分钟。

4.一周内完成 2 次 15～20 分钟的慢跑,注意纠正自身错误动作。可以通过 Keep 等手机软件记录锻炼时间及速度,运动结束后记录心率值。

第七章
柔韧性训练

柔韧性是身体健康素质的重要组成部分，经常进行柔韧性训练可以保持肌腱、肌肉及韧带等软组织的弹性，明显加大关节的活动范围，增强关节灵活性，使动作更加协调、准确、优美，从而保持身体的最佳状态。

柔韧性按照与专项运动的关系可以分为专项柔韧性和一般柔韧性。专项柔韧性是指体操、艺术体操、健美操、花样滑冰、水中芭蕾、跳水等竞技运动项目所必需的专项柔韧素质，一般柔韧性是指人体最主要关节的活动能力。

第一节　柔韧性训练概述

一般柔韧性是指人体最主要关节的活动能力。常用的一般柔韧性训练方法有四种：静态拉伸、动态拉伸、弹震式拉伸、PNF 拉伸。

一、静态拉伸

静态拉伸可增强身体柔韧性，有效减少运动后的肌肉损伤，缓解肌肉酸痛，帮助肌肉更快恢复。静态拉伸分为主动静态拉伸和被动静态拉伸。

（一）主动静态拉伸练习

拉伸时主动肌保持动作，牵拉相应的拮抗肌，牵拉到最大幅度，保持 15～30 秒，重复 6～10 次。动作要领示范见图 7-1。

图 7-1　主动静态拉伸动作要领示范

（二）被动静态拉伸练习

拉伸时主动肌不收缩，依靠外力牵引拮抗肌。一般是通过外界力量或自身体重来维持动作，保持 15～30 秒，重复 2～3 次。动作要领示范见图 7-2。

图 7-2　被动静态拉伸动作要领示范

小贴士

(1)静态拉伸练习的优点:简单易行,需要参与的肌肉不多,引起肌肉酸痛较少,使拉伸效果更明显。

(2)静态拉伸练习的缺点:长时间静态拉伸会使组织温度下降,血液循环受阻,影响神经系统兴奋性,降低运动能力。

二、动态拉伸

动态拉伸是指通过缓慢、有控制地运动肢体来增加关节活动范围,也称为动态关节活动度。动态拉伸的动作常常集平衡、稳定、协调、伸展为一体,可激活关节小肌群并提高其稳定性,增强预防运动损伤的能力。动态拉伸练习分为主动动态拉伸和被动动态拉伸。

三、弹震式拉伸

弹震式拉伸是利用反弹让肢体从起始姿势移动至拉伸姿势的拉伸方式。

四、PNF 拉伸

PNF 拉伸法的全称是本体感觉神经肌肉促进疗法,它使某些特定的运动模式中的肌群发生收缩,促进功能性运动产生。

第二节　一般柔韧性训练技术分析与练习方法

一、静态拉伸练习方法

（一）腹部拉伸（骆驼式）

跪姿，双腿分开与肩同宽，双手叉腰向前推送髋关节，挺胸抬头向后看，不要过度挤压腰部，左手找左脚跟，右手找右脚跟，头向上仰，保持 15～30 秒，重复 3～5 次。动作要领示范见图 7-3。

图 7-3　腹部拉伸动作要领示范

（二）背部拉伸

1.猫式拉伸

双腿开立跪于地面，双手着地与肩同宽，低头含胸拱背，拉长脊柱，伸展背部，保持 15～30 秒，重复 3～5 次。动作要领示范见图 7-4。

图 7-4　猫式拉伸动作要领示范

2.婴儿式拉伸

跪坐，双手支撑地面与肩同宽，手臂向前推送，指尖朝前，额头着地，拉长脊柱，伸展背部，臀部坐向脚跟，保持 15～30 秒，重复 3～5 次。动作要领示范见图 7-5。

图 7-5　婴儿式拉伸动作要领示范

(三)腿部拉伸

1.广角式内收肌拉伸

坐在地上,双腿伸直打开到最大角度,上身前倾,双手扶地向前伸展,感受大腿内侧拉伸,保持 15～30 秒,重复 3～5 次。动作要领示范见图 7-6。

图 7-6 广角式内收肌拉伸动作要领示范

2.坐位体前屈式拉伸

双腿并拢伸直坐于地面,腰背挺直向前发力,使双手握向脚尖或前脚掌,同时勾脚尖,感受腿部后侧肌肉拉伸,保持 15～30 秒,重复 3～5 次。动作要领示范见图 7-7。

图 7-7　坐位体前屈式拉伸动作要领示范

3.跪姿股四头肌拉伸

自然站立，成右弓步，左腿屈膝着地，右手扶膝，髋部放正，左手抓左脚踝，上身保持直立，保持 15～30 秒，重复 3～5 次。动作要领示范见图 7-8。

图 7-8　跪姿股四头肌拉伸动作要领示范

二、动态拉伸练习方法

(一)腹部拉伸(虫爬式)

双腿开立与肩同宽,双腿保持伸直,上身前倾,双手着地,缓慢向前爬行,至大腿与地面接触,手臂伸直,缓缓提起上身,直到腹部有拉伸感,保持1～2秒,动作慢慢还原,重复4～5次。动作要领示范见图7-9。

图7-9 腹部拉伸动作要领示范

(二)背部拉伸

1.背阔肌拉伸

双腿开立跪于地面,双手着地与肩同宽,左手支撑,右手从左手内侧带动身体左旋,直到最大程度,保持1～2秒后动作还原,换另一侧,重复4～5次。动作要领示范见图7-10。

图 7-10　背阔肌拉伸动作要领示范

2.猫式脊柱拉伸

双腿开立跪于地面，双手着地与肩同宽，低头含胸拱背，拉长脊柱，伸展背部，保持 1～2 秒；抬头挺胸，肚脐下压，保持动作 1～2 秒；重复 4～5 次。动作要领示范见图 7-11。

图 7-11　猫式脊柱拉伸动作要领示范

（三）腿部拉伸

1.跪姿股四头肌拉伸

自然站立，成右弓步，左腿屈膝着地，右手扶膝，髋部放正，上身保持直立，左手抓左脚踝，使其缓慢、有控制地靠向臀部，增加拉伸幅度。保持 1～2 秒，重复 4～5 次。动作要领示范见图 7-12。

图 7-12 跪姿股四头肌拉伸动作要领示范

2.大腿内收肌拉伸

坐姿，屈膝脚心相对并靠近身体，双手握紧脚背。双膝缓慢压向地面，当到达极限时保持 1～2 秒，恢复至起始位置，重复 4～5 次。动作要领示范见图 7-13。

图 7-13　大腿内收肌拉伸动作要领示范

3.小腿后侧拉伸

自然站立，双腿分开与肩同宽，将右脚向前迈一小步，脚跟落地，脚尖勾起，屈髋，屈膝，脊柱伸直，腹部靠向大腿，两手由上至下，虚步交替前行，重复 4～5 次。动作要领示范见图 7-14。

图 7-14　小腿后侧拉伸动作要领示范

三、弹震式拉伸练习方法

弹震式拉伸不好控制，动作要领示范见图 7-15。

图 7-15　弹震式拉伸动作要领示范

小贴士

（1）动作要求：利用快速摆动、弹动及反弹产生的动力，让肢体从起始姿势移动至拉伸姿势。

（2）优点：加快了对神经系统的动员，促进肌肉更快发力。

（3）缺点：弹震式拉伸可能产生的危险超过其好处，因弹震式拉伸可能会损伤肌肉或结缔组织，尤其是经常不运动的人群或者身体有旧伤的人群，弹震式拉伸容易引发牵张反射，会阻止肌肉的伸长放松，降低拉伸效果。

四、PNF 拉伸练习方法

PNF 拉伸练习主要包括三种技术：静力—放松、静力—放松/拮抗肌收缩、收缩—放松。以腘绳肌拉伸为例介绍静力—放松技术。

首先，被动静态拉伸目标肌肉，约 10 秒；其次，让目标肌肉做等长收缩，约 6 秒；最后，再次做被动静态伸展，约 30 秒；重复 2～3 次。动作要领示范见图 7-16 至图 7-18。

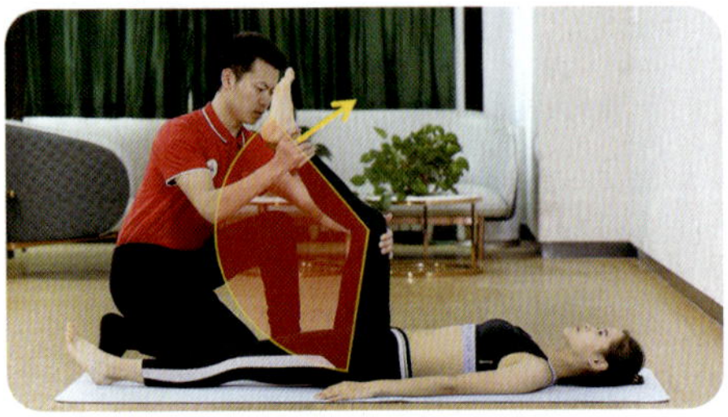

图 7-16　静态拉伸

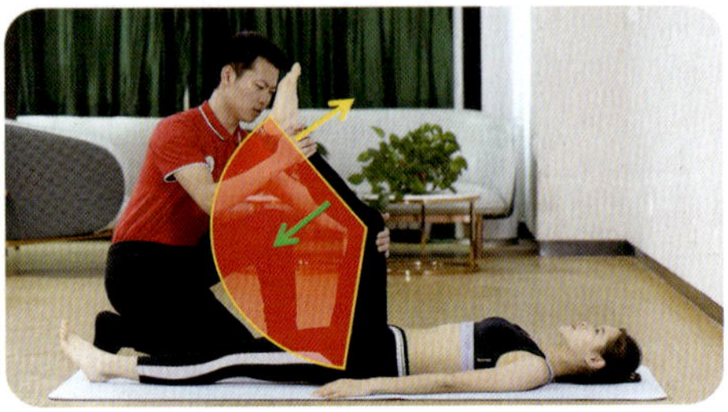

图 7-17　目标肌肉做等长收缩

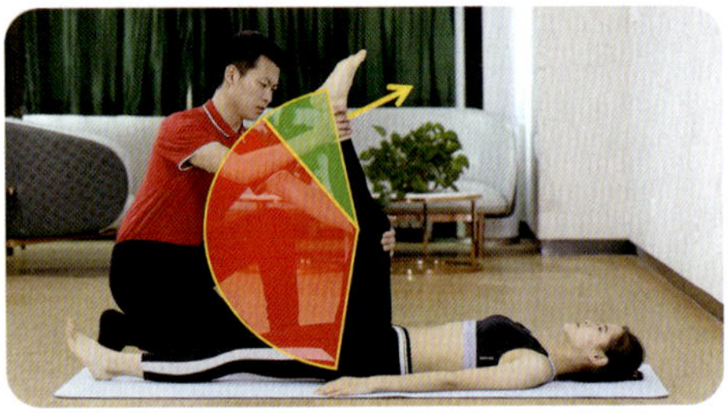

图 7-18　再次静态拉伸目标肌肉

小贴士

（1）优点：PNF 拉伸能够一分钟解决肌肉酸痛，而且对肌肉的互动性和柔韧性有很强的训练效果，能够提高受伤肌肉的力量，目前在健身领域备受推崇。

（2）缺点：拉筋也不是硬拉，而是要循序渐进。PNF 拉伸的局限性很大，它需要在同伴的帮助下才能完成，且需要专门的知识与拉伸技能。

（3）注意事项：静态拉伸通常在运动后进行，动态拉伸通常放在准备活动中，弹震式拉伸要尽可能少用，PNF 拉伸既可以在准备活动中也可以在运动后的放松练习中进行。

本章作业

一、选择题

1.影响柔韧性即关节活动范围的因素不包括(　　)

A.关节骨结构

B.韧带和肌腱的伸展性

C.关节周围组织的密度

D.肌肉和皮肤的伸展性

2.以下说法错误的是(　　)

A.踢腿是动态伸展

B.静态伸展不宜超过 10 秒

C.静态伸展为首选的柔韧性练习方法

D.PNF 练习可以有效提高身体的柔韧性且不容易引起肌肉的损伤

3.以下对于动态柔韧性描述正确的是(　　)

A.动态柔韧性与静态柔韧性互为对立,彼此不会相互影响

B.相比于静态柔韧性,动态柔韧性更需要肌力与稳定性

C.动态柔韧性一定表现在徒手动作上

D.以上说法均错误

二、实操题

熟记静态拉伸练习方法的动作要领并进行练习。

第八章 功能性训练

科学技术推动了生产力发展和社会变革，但也深刻地影响着人类的工作和生活。人们生活在"方盒"的世界里，电子智能产品占据了大量闲暇时间，有效锻炼不足导致"三高"低龄化现象严重。特别是学生群体，由于生活节奏快、学习压力大，他们常常处于焦虑、紧张、空虚与不安之中，这导致他们的体质健康每况愈下，承受高强度体力劳动和脑力活动的能力不断下降。因此，学习掌握一些简单易行的功能性训练方法和技能，将有助于提升学生的体质健康水平，增强免疫力、缓解压力，为逐步形成健康、科学、文明的生活方式打下基础。

第一节　功能性训练概述

功能性训练是通过有机搭配心肺耐力、肌肉力量、骨骼、平衡、协调、柔韧等运动内容，助力整个身体健康水平的提高，并有效预防运动损伤。它能让专业人士创造性地运用自己的知识、技能和经验去帮助每一个人，也可以让每一位练习者从中受益。

一、功能性训练的必要性

（1）学生"三少"和"三超"现象要求其加强功能性训练。目前学生存在健康知识懂得少、自我保健意识少、强身健体行动少的问题，同时也面临着生活节奏超速、学习压力超载、身心负担超重的难题，因而主动健身的行动少之又少。

（2）学生生活方式特点决定其需要进行功能性训练。久坐少动的静态生活方式、运动不足的失衡生活方式以及压力过大的超载生活方式，都需要学生走出实验室、教室和寝室，走进健身场所进行功能性训练，以应对由于运动不足导致体质健康下降的境况。

二、功能性训练的作用

功能性训练根据人体的基本结构和关节肌肉的功能来设置训练动作，增强练习者的力量和爆发力（结构决定其功能）。因此，功能性训练能够提高总的和安静时的能量代谢，提高人体平衡和反应能力，保持和提高骨密度，有助于治疗非传染性慢性疾病等（见图 8-1）。

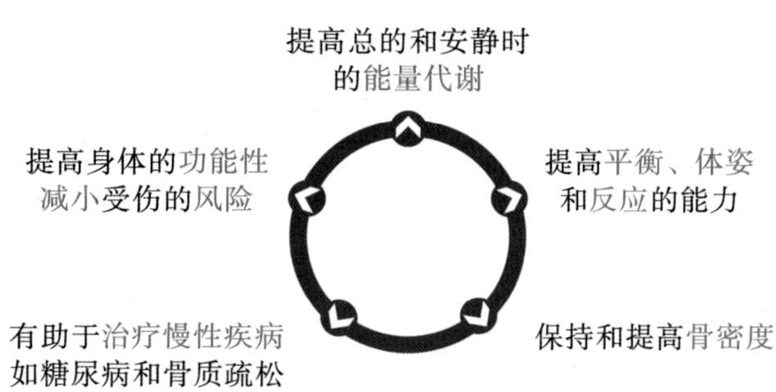

图 8-1　功能性训练的作用

三、功能性训练的基本原则

一是从需求出发。进行功能性训练要考虑运动功能需要、心理需要和社会生活技能需要，同时还要考虑性别、年龄、个人兴趣等因素。

二是练习负荷。开始时 1～3 组，然后每周增加 1 组，增到 5 组为妥。中低强度有利于改善能量代谢和提高肌肉耐力；中等以上强度有利于提高能量代谢系统转换、神经支配和肌肉激活的能力。

三是循序渐进。从单个动作练习开始，逐步增加不同练习项目。进行一段时间的练习之后，再考虑增加项目和组数。每次练习以控制在 4 分钟左右为宜。

四、功能性训练的基本方法

(1)注重全面而多样的身体运动。

(2)注重多功能身体运动有机搭配。

(3)注重全身肌肉力量练习。

(4)注重身体姿势练习。

(5)注重肌肉平衡练习。

(6)注重核心稳定性练习。

第二节　功能性训练技术分析与练习方法

人类日常活动中主要有下蹲、弓箭步、弯身、转体、步态、提拉和伸推等七个需要学习和不断改变的基本动作模式，这些动作都是在两个或两个以上的平面内完成的动作，功能性训练注重在多角度与运动链的各个矢状面协调练习。因此，怎样进行功能性训练是由人体的基本动作模式决定的，通过功能性训练来提高身体运动机能和健康水平，有助于人们完成日常工作。

一、体姿练习

通过身体姿势练习可以提高身体运动技能，通过核心稳定练习可以提高身体的协调性。

（一）弓箭步

1.动作要领

双手叉腰，两腿直立，上身正直，目视前方。双脚支撑体重，重心在两腿之间。保持身体挺直，弓步腿的大腿处于水平面，全脚掌着地，躯干伸直，头部、肩部、胯部保持矢状平面，腹肌收紧，脊椎延长，目视前方，保持均匀呼吸。动作要领示范见图 8-2。

图 8-2　弓箭步动作要领示范

2.练习要求

运动强度：中等强度。

运动次数：每次训练 3～5 组。

运动时间：每组保持 20～30 秒，组间间歇不超过 20 秒。

小贴士

（1）目标肌群：胯部、腰部、背部等肌肉群。

（2）动作特点：挺胸拔背，身体挺拔正直。

（3）注意事项：量力而行，身体任何部位有疼痛感即停止练习。

（4）易犯错误：身体晃动。

（二）后弓箭步

1.动作要领

挺胸直立，双足与髋部同宽，两脚脚尖皆朝向正前方，双手叉腰或自然垂于身体两侧。右腿向后跨一个大弓箭步，用脚趾抵住地面。弯曲左膝，让臀部下沉，直到右膝靠近地面。动作要领示范见图 8-3。

图 8-3 后弓箭步动作要领示范

2.练习要求

运动强度：中等强度。

运动次数：每次训练 3～5 组。

运动时间：每组保持 20～30 秒，组间间歇不超过 20 秒。

小贴士

（1）目标肌群：臀部、腰部、背部等肌肉群。

（2）动作特点：上半身挺直，后跨步要大，脚趾顶地面，臀部下沉。

（3）注意事项：如果发现前膝在脚趾前面，请试着将重心后移。

（4）易犯错误：身体晃动。

（三）双手高举弓箭步

1.动作要领

在后弓箭步的动作基础上，加入手臂位置的变化。在向后跨步之前，仿佛要跳水般将双臂伸直高举过头，上臂贴紧双耳，维持这个手臂姿势进行整个后弓箭步动作。动作要领示范见图 8-4。

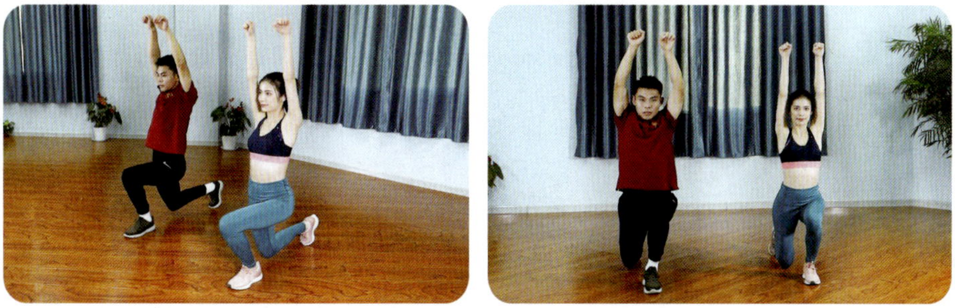

图 8-4 双手高举弓箭步动作要领示范

2.练习要求

运动强度：中等强度。

运动次数：每次训练 3～5 组。

运动时间：每组保持 20～30 秒，组间间歇不超过 20 秒。

小贴士

（1）目标肌群：手臂、臀部、腿部等肌肉群。

（2）动作特点：加入手臂动作变化，锻炼上半身的核心稳定肌群。

（3）注意事项：双臂伸直高举过头，贴近双耳。

（4）易犯错误：双手不能高举过头，身体晃动。

弓箭步的注意事项：向前开步距离非常重要。开步距离较小时着重提高股四头肌力量，但距离不能过小，否则对膝关节压力会过大。开步距离较大时全面提高臀部、股四头肌、股二头肌力量，但距离也不能过大，否则对髋关节和胯根压力过大。

（四）左右腿拉伸

1.动作要领

双手相握，身体侧移，上身正直，目视前方。双脚支撑体重，重心主要在屈伸腿上。保持身体挺直，屈伸腿的大腿尽量处于水平面，全脚掌着地，躯干伸直，头部、肩部、胯部保持矢状平面，腹肌收紧，脊椎延长，目视前方，保持均匀呼吸。动作要领示范见图 8-5。

图 8-5　左右腿拉伸动作要领示范

2.练习要求

运动强度：中等强度。

运动次数：每次训练 3～5 组。

运动时间：每组保持 20～30 秒，组间间歇不超过 20 秒。

小贴士

(1)目标肌群：手臂、臀部、腿部等肌肉群。

(2)动作特点：重心在屈伸腿，任何时候都保持身体挺直、不晃动。

(3)注意事项：身体有酸胀、疼痛感时最好不要进行这项运动。

(4)易犯错误：头部、肩部、胯部不能保持矢状平面，大腿不与地面平行。

(五)交叉步

1.动作要领

双手相握，两腿交叉，上身正直，目视前方。双脚支撑体重，重心在两腿之间。保持身体挺直，头部、肩部、胯部保持矢状平面，腹肌收紧，脊椎延长，目视前方，保持均匀呼吸。动作要领示范见图 8-6。

图 8-6 交叉步动作要领示范

2.练习要求

运动强度:中等强度。

运动次数:每次训练 3～5 组。

运动时间:每组保持 20～30 秒,组间间歇不超过 20 秒。

小贴士

(1)目标肌群:肩部、胯部、腰部、背部等肌肉群。

(2)动作特点:身体挺拔正直,脚掌着地,重心在两腿之间。

(3)注意事项:身体任何部位有酸胀疼痛感时最好不要进行这项运动。

(4)易犯错误:身体晃动。

(六)深蹲

1.动作要领

双手平举,身体挺直,两眼平视前方,两脚同肩宽。屈膝慢慢蹲下至大腿平行地面或稍低于膝,保持一会儿后,股四头肌等收缩用力,蹬腿伸膝至还原。动作要领示范见图 8-7。

图 8-7　深蹲动作要领示范

2.练习要求

运动强度：中等强度。

运动次数：每组 20～25 个，每次训练 3～5 组。

运动时间：下蹲 2～3 秒，静止 1～2 秒，蹲起 2 秒，组间间歇 10～30 秒。

小贴士

（1）目标肌群：腿部、胯部、腰部、背部等肌肉群。

（2）动作特点：双手平举，身体挺直。

（3）注意事项：量力而行，身体任何部位有疼痛感即停止练习。

（4）易犯错误：大腿不能平行或稍低于膝，身体晃动。

（七）保加利亚深蹲

1.动作要领

把一条腿放在高物上，然后深蹲。如果下蹲过程中难以保持平衡，可以扶着墙做。动作要领示范见图 8-8。

图 8-8　保加利亚深蹲动作要领示范

2.练习要求

运动强度：中等强度。

运动次数：每组 20～25 个，每次训练 3～5 组。

运动时间：下蹲 2～3 秒，静止 1～2 秒，蹲起 2 秒，组间间歇 10～30 秒。

小贴士

(1)目标肌群：腿部、胯部、腰部、背部等肌肉群。

(2)动作特点：任何时候都保持身体挺直，不要晃动，可以扶墙做。

(3)注意事项：量力而行，身体任何部位有疼痛感即停止练习。

(4)易犯错误：身体晃动。

二、核心稳定性练习

核心稳定性是一种稳定人体核心部位、控制重心运动、传递上下肢力量的能力。核心稳定性练习有助于矫正体姿，缓解肌肉失衡，减轻关节疼痛和肌肉疼痛，提高平衡稳定能力，提高运动表现水平。

(一)靠墙深蹲

1.动作要领

双脚分开与肩同宽，双手放于大腿上；缓慢下蹲至大腿与地面平行，保持住；下背紧贴墙面，感受膝盖附近肌肉发力。全程保持均匀呼吸，动作要领示范见图 8-9。

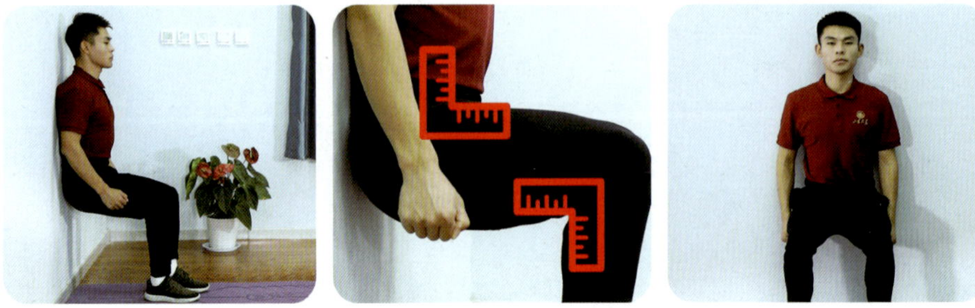

图 8-9　靠墙深蹲动作要领示范

2.练习要求

运动强度：中等强度。

运动次数：每次训练 3～5 组。

运动时间：根据个人情况，下蹲 2～5 分钟，组间间歇不超过 20 秒。

小贴士

(1)目标肌群：腿部、胯部、腰部、背部等肌肉群。

(2)动作特点：身体挺直，背部以及头贴紧墙面，下巴微收，小腿长轴与地面垂直。

(3)注意事项：在组与组之间可以进行拉伸放松大腿前侧肌肉，身体不适即停止练习。

(4)易犯错误：膝关节内扣，身体晃动。

(二)平板支撑

1.动作要领

俯卧，双肘弯曲支撑在地面上，肩膀和肘关节垂直于地面，脚尖踩地，身体离开地面，躯干伸直，头部、肩部、胯部和踝部保持在同一平面，腹肌收紧，盆底肌收紧，脊椎延长，眼睛看向地面，保持均匀呼吸。保持动作 60 秒左右，重复多组。动作要领示范见图 8-10。

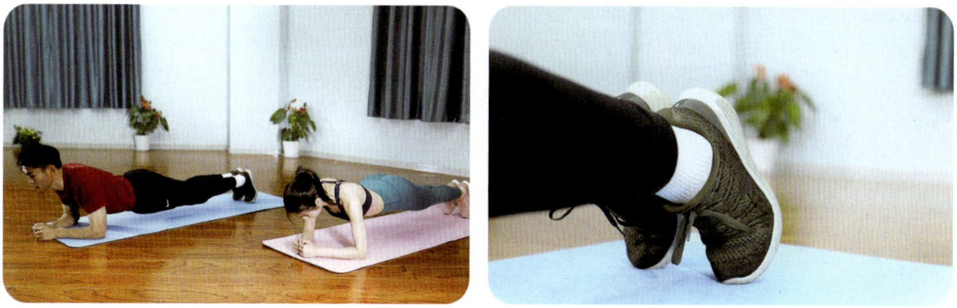

图 8-10 平板支撑动作要领示范

2.练习要求

运动强度：中等强度。

运动次数：每次训练 3～5 组。

运动时间：每组保持 60 秒，组间间歇不超过 20 秒。

小贴士

（1）目标肌群：腹横肌，背部、腹部、下背部、臀部等处的肌肉群，内收肌、膈肌等核心肌群。

（2）动作特点：身体挺直，肩膀在肘部上方，保持腹肌的持续收缩发力。

（3）注意事项：如果近期肩膀、腰部、背部等部位有疼痛感，最好不要进行这项运动。

（4）易犯错误：身体不能保持挺直，身体晃动。

（三）臀桥

1.动作要领

身体平躺在垫上，双手掌心向下平放于身体两侧，双腿微微分开至略宽于肩并弯曲呈 60 度角，两脚掌平踏于垫面。作臀桥时，脚跟踩地发力将臀部抬起至大腿与身体呈一条直线，至最高点后稍停 5 秒，顶峰收缩臀部肌肉（夹紧），然后慢慢下放髋部还原至初始位置。臀部抬起时上背部支撑地面，下落时下背部贴地但臀部悬空。臀部抬起时呼气，臀部下落时吸气。动作要领示范见图 8-11。

图 8-11　臀桥动作要领示范

2.练习要求

运动强度:中等强度。

运动次数:每次训练 3~5 组。

运动时间:每组保持 60 秒,组间间歇不超过 20 秒。

小贴士

(1)目标肌群:臀大肌、腿部肌肉(尤其是大腿后侧的腘绳肌)、下背部肌肉、核心肌群。

(2)动作特点:臀部抬起时,控制身体由下背至中背部慢慢离开地面。

(3)注意事项:量力而行,身体任何部位有疼痛感即停止练习。

(4)易犯错误:过度挺腰导致腰部发力感觉明显,身体晃动。

(四)侧平板支撑

1.动作要领

侧卧在瑜伽垫上,双腿并拢,将臀部抬起至大腿与身体呈一条直线,臀部抬起时一侧胳膊支撑地面,下落时下臀部贴地。臀部抬起时呼气,臀部下落时吸气。动作要领示范见图 8-12。

图 8-12 侧平板支撑动作要领示范

2.练习要求

运动强度:中等强度。

运动次数:每次训练 3～5 组。

运动时间:每组保持 60 秒,组间间歇不超过 20 秒。

小贴士

(1)目标肌群:手臂、胯部、腰部、背部等肌肉群。

(2)动作特点:臀部抬起时,一侧手臂支撑离开地面。

(3)注意事项:量力而行,身体任何部位有疼痛感即停止练习。

(4)易犯错误:过度挺腰导致腰部发力感觉明显,身体晃动。

三、多样多方向功能性练习

多样多方向功能性练习有 4 个最主要的动作类别:位移、水平改变(重心变化)、推和拉(投掷、推开和抓住物体)以及旋转(方向改变)。进行多样多方向功能性练习应根据人体的最基本动作和运动方式来安排训练内容,宜采用多关节、多运动面的动作。如果想增加难度或消耗更多能量,可以采用脚后跟走、脚尖走、横向走、后退走等练习形式。

(一)空中交叉步

1.动作要领

开始时，身体直立。做空中交叉步时，两脚分前后，两臂提起放在身体两侧。身体下蹲，交叉进行。双脚踩地，身体离开地面，躯干伸直，头部、肩部、胯部保持在同一平面，腹肌收紧，盆底肌收紧，脊椎延长，眼睛看向地面，保持均匀呼吸。动作要领示范见图 8-13。

图 8-13　空中交叉步动作要领示范

2.练习要求

运动强度：中等强度。

运动次数：每次训练 3～5 组。

运动时间：每组保持 20 秒，组间间歇不超过 10 秒。

小贴士

(1)目标肌群：手臂、腿部、胯部、腰部、背部等肌肉群。

(2)动作特点：挺胸拔背，身体挺拔正直。

(3)注意事项：量力而行，身体任何部位有疼痛感即停止练习。

(4)易犯错误：身体不能保持平衡，身体左右晃动。

(二)双腿侧跳

1.动作要领

双脚距离略小于肩宽，脚尖指向正前方或者略微向外，尽量每次落在同样的位置上。提起双臂放于身体两侧，下蹲向左(右)跳过障碍物，前脚掌着地，手臂自然摆动，保持身体平衡，折返进行。躯干伸直，头部、肩部、胯部保持在同一平面，腹肌收紧，脊椎延长，眼睛看向地面，保持均匀呼吸。动作要领示范见图 8-14。

图 8-14　双腿侧跳动作要领示范

2.练习要求

运动强度：中等强度。

运动次数：每次训练 3～5 组。

运动时间：每组保持 20 秒，组间间歇不超过 10 秒。

小贴士

(1)目标肌群：胯部、腰部、背部等肌肉群。

(2)动作特点：双脚距离小于肩宽，挺胸拔背，脚尖指向正前方。

(3)注意事项：量力而行，身体任何部位有疼痛感即停止练习。

(4)易犯错误：身体不能保持平衡，身体过于紧张。

(三)弓箭步左右转体

1.动作要领

站立位，向右转体成右弓箭步(右膝屈曲呈 90～100 度)，左腿伸直，双手扶于腰部或髋部，上身进一步右转，到极限位置时向左侧倾倒，轻轻闪动腰部 1～2 次，然后上身回到正直位，身体左转，成左弓箭步，做与右侧相同的动作。腹肌收紧，盆底肌收紧，脊椎延长，保持均匀呼吸。动作要领示范见图 8-15。

图 8-15　弓箭步左右转体动作要领示范

2.练习要求

运动强度：中等强度。

运动次数：每次训练 3～5 组。

运动时间：左右各做 2～3 次。

小贴士

(1)目标肌群：腿部、腹部、胯部、腰部、背部等肌肉群。

(2)动作特点：挺胸拔背，腹肌、盆底肌收紧，呼吸均匀。

(3)注意事项：量力而行，闪动的幅度逐渐加大，以免造成腰骶部损伤。

(4)易犯错误：身体不能保持平衡，过度转体。

四、高强度间歇性训练(Tabata)

Tabata 的原理是让人们在运动期间尽量使用最多的肌肉群，使身体在消耗热量上更有效率，同时提升身体有氧和无氧的运动能力，增强心肺功能和肌肉能力，让身体能承受更大的运动量，达到提高乳酸代谢、有效减肥和增强毅力耐力等目的。

Tabata 的运动模式是：练习者在 20 秒内完成最大强度的训练，休息 10 秒钟，如此循环做 8 组，总时间为 4 分钟。一般而言，Tabata 的训练通常以 4 个动作为主，每一个动作重复进行 2 次，达到运动模式的 8 个循环。若希望运动效果更好，应尽可能于 20 秒内完成更多的训练次数。

训练前，先进行 5～10 分钟的热身运动，比如慢跑、动态拉伸、跳绳等；做动作的过程中，每个动作都要尽全力去完成，这样达到的效果才会最佳。训练频率为每周 3 天，每天 2 次，每次 8 个动作，“328”运动模式让健身更简单。

不过，由于高强度间歇训练会加大中枢神经系统的负担，造成肌肉损伤、机械张力和代谢应激机会增加，所以身体需要有足够的时间进行恢复。存在健康问题（比如患有高血压、心脏病、超重和关节疾病等）的人群需要咨询医生意见后再决定是否进行训练。

刚开始接触 Tabata 的人可以由以下 8 个基本动作开始训练：

（一）波比跳

1.动作要领

波比跳主要由下蹲、后踢脚、俯卧撑、前跳、垂直跳等动作组成。开始时保持跳跃站姿，进行稳固步骤；将大腿后侧肌群往后推，尽可能保持小腿垂直，双膝就中立姿势，髋关节转轴往前弯，手掌放在地面上，手指朝前；保持下背平直，双脚在双手碰地时向后伸或滑到后方，摆出伏地挺身最高位置的姿势；双手在地上扭紧，夹紧臀部，持续绷紧腹部；胸部向地面沉的同时，手肘保持贴紧身体，肩膀与手腕上下对齐；用爆发式动作伸展手肘，髋部向上推到完全伸展，膝盖向胸口拉；双腿拉到身体下方时，试着用双脚取代双手的位置；身体推离深蹲最低位置，垂直向上跳；用一般姿势落地，过渡到另一次波比跳。动作要领示范见图 8-16。

2.练习要求

运动强度：高强度。

运动次数：每周 2～3 天，每天 2 次，每次 8 个动作。

运动时间：每次训练 20 秒，休息恢复 10 秒，如此重复 8 次（整个锻炼过程一共 4 分钟）。

图 8-16　波比跳动作要领示范

小贴士

(1)目标肌群:核心肌群,脚、手臂、腹部、臀部及背部等肌群。

(2)动作特点:躯干与腿部在同一直线,保持动作稳定与连贯,有短暂腾空。

(3)注意事项:下蹲时膝盖尽量不要超过脚尖,否则会给膝盖造成损伤。同事要量力而行,身体任何部位有疼痛感即停止练习,需要有足够的时间进行恢复。

(4)易犯错误:不能保持双脚与背部平直,达不到深蹲的最低位置

(二)跳跃箭步蹲

1.动作要领

两脚前后开立成弓箭步,运用双腿的爆发力,迅速向上跳起,在空中双脚如剪刀交错,前后脚调换。落地时变换成另一腿在前的弓箭步,换脚后前脚出力、后脚帮助平衡,站稳后再往下蹲,重复动作,双腿交替为一次完整动作结束。动作要领

示范见图 8-17。

图 8-17 跳跃箭步蹲动作要领示范

2.练习要求

运动强度:高强度。

运动次数:每周 2～3 天,每天 2 次,每次 8 个动作。

运动时间:每次训练 20 秒,休息恢复 10 秒,如此重复 8 次(整个锻炼过程一共 4 分钟)。

小贴士

(1)目标肌群:股四头肌、股二头肌和臀大肌等肌肉群。

(2)动作特点:挺胸拔背,身体挺拔正直。

(3)注意事项:量力而行,身体任何部位有疼痛感即停止练习,需要有足够的时间进行恢复。

(4)易犯错误:含胸、弯腰,跨距过小。

(三)登山跑

1.动作要领

以平板支撑动作开始,双手掌贴地,双脚模拟爬山动作。起始将全身重量置于手掌和脚趾上,确保身体为一条直线,利用腿部肌肉带动单侧膝盖抬起,向前靠近胸部,达到极限位置;向后放下,并换另一只脚抬起,重复动作。动作要领示范见图 8-18。

图 8-18　登山跑动作要领示范

2.练习要求

运动强度：高强度。

运动次数：每周 2～3 天，每天 2 次，每次 8 个动作。

运动时间：每次训练 20 秒，休息恢复 10 秒，如此重复 8 次（整个锻炼过程一共 4 分钟）。

小贴士

（1）目标肌群：全身大量肌肉群。

（2）动作特点：身体保持最自然的直线，利用核心肌群，控制身体稳定。

（3）注意事项：量力而行，身体任何部位有疼痛感即停止练习。

（4）易犯错误：下背部过度下凹或上凸。

（四）宽距俯卧撑

1.动作要领

挺胸收腹，腰背平直，双手距离略宽于肩，拇指向外，下撑至大臂与地面平行，躯干与腿部始终在同一平面。动作要领示范见图 8-19。

图 8-19　宽距俯卧撑动作要领示范

2.练习要求

运动强度：中等强度。

运动次数：每周 2～3 天，每天 2 次，每次 8 个动作。

运动时间：每次训练 20 秒，休息恢复 10 秒，如此重复 8 次（整个锻炼过程一共 4 分钟）。

小贴士

（1）目标肌群：手臂、腿部、腹部、腰部、背部等肌肉群。

（2）动作特点：保持从肩膀到脚踝成一条直线，双臂放在胸部位置。

（3）注意事项：量力而行，身体任何部位有疼痛感即停止练习。

（4）易犯错误：快速下降身体，身体不能保持稳定。

（五）卷腹

1.动作要领

脚平放在地板上，双手放松，放于头部两侧。向前卷曲上半身，肩胛骨卷起离开地面。用力时呼气并在收缩顶端位置停顿一秒钟；吸气，上半身缓慢向下至肩胛骨接触地面。动作要领示范见图 8-20。

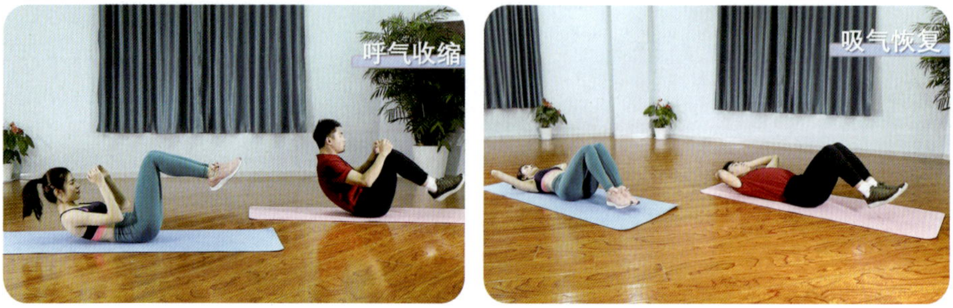

图 8-20　卷腹动作要领示范

2.练习要求

运动强度：中等强度。

运动次数：每周 2～3 天，每天 2 次，每次 8 个动作。

运动时间：每次训练 20 秒，休息恢复 10 秒，如此重复 8 次（整个锻炼过程一共 4 分钟）。

小贴士

（1）目标肌群：腿部、腹部、腰部、背部等肌肉群。

（2）动作特点：起身时半弯背部，躺下时脖颈不要完全贴于地面，配合好呼吸。

（3）注意事项：量力而行，身体任何部位有疼痛感即停止练习。

（4）易犯错误：双手借力，影响腹部用力效果。

（六）开合跳

1.动作要领

身体向上跳、向下跳期间张开双手及双脚。站姿跳跃，双脚往外张开约 1.5 个肩膀宽，双手向头顶方向击掌，注意手肘尽量伸直在头部两侧夹紧，可同时使身体向上延伸；再跳一次后双脚并拢，双手拍大腿两侧，注意身体仍要向头顶方向延伸，尽量不要驼背。动作要领示范见图 8-21。

图 8-21　开合跳动作要领示范

2.练习要求

运动强度：高强度。

运动次数：每周 2～3 天，每天 2 次，每次 8 个动作。

运动时间：每次训练 20 秒，休息恢复 10 秒，如此重复 8 次(整个锻炼过程一共 4 分钟)。

小贴士

(1)目标肌群：全身大量肌肉群。

(2)动作特点：挺胸收腹，腰背平直，落地时膝关节自然微屈缓冲。

(3)注意事项：开合跳的锻炼效果虽然很好，但并不适合所有人，对于体重超标、无运动经验及膝关节有损伤的人，建议选择其他的方式进行锻炼，因为开合跳会加重膝关节负担，容易引起关节损伤。

(4)易犯错误：落地时身体不能保持平衡，身体晃动。

(七)原地高抬腿

1.动作要领

双脚张开，宽度同肩。原地进行抬膝动作，尽量让膝盖贴近胸部。挺直背部，目视前方，前脚掌着地快速交替抬腿。保持身体稳定，随着抬腿节奏用力摆臂。保持最快速度。动作要领示范见图 8-22。

图 8-22　高抬腿动作要领示范

2.练习要求

运动强度：高强度。

运动次数：每周 2～3 天，每天 2 次，每次 8 个动作。

运动时间：每次训练 20 秒，休息恢复 10 秒，如此重复 8 次（整个锻炼过程一共 4 分钟）。

小贴士

（1）目标肌群：全身大量肌肉群。

（2）动作特点：挺胸拔背，身体挺拔正直。

（3）注意事项：量力而行，身体任何部位有疼痛感即停止练习。

（4）易犯错误：膝盖与脚尖不能保持向前，抬腿低于髋部。

（八）俄罗斯转体

1.动作要领

坐在地板上，脊椎处于中立位，保持腰部、背部挺直，双手相扣置于体前，双腿屈膝，脚跟着地。注意力集中在腹肌上，腰腹收缩向右扭动身体，直到手臂与地面平行，同时呼气。保持腹肌持续收缩，回到起始位置，然后移动到另一侧进行右侧的相同动作。两侧交替做动作至推荐次数。可双手持重物或者抬高双腿来增加训练难度。动作要领示范见图 8-23。

图 8-23 俄罗斯转体动作要领示范

2.练习要求

运动强度:中等强度。

运动次数:每周 2～3 天,每天 2 次,每次 8 个动作。

运动时间:每次训练 20 秒,休息恢复 10 秒,如此重复 8 次(整个锻炼过程一共 4 分钟)。

小贴士

(1)目标肌群:腹内外斜肌、腿部、胯部、腰部、背部等肌肉群。

(2)动作特点:运动过程中也要时刻保持自己的下半身处于稳定状态。

(3)注意事项:量力而行。

(4)易犯错误:腹部肌肉收缩不充分,运动过程中憋气。

(九)Tabata 训练完整演示

扫描下方二维码,可学习完整版 Tabata 训练。

本章作业

一、选择题

1.功能性训练是(　　)。

A.基于人体运动功能的训练理念、方法和体系

B.运动训练的一个分类，包含力量训练、敏捷训练、平衡训练、核心训练等多个综合板块

C.一个动态概念

D.健身而不增重的训练

2.功能性训练可以(　　)。

A.提高总的和安静时的能量代谢

B.提高平衡、体姿和反应的能力

C.保持和提高骨密度

D.有助于治疗慢性疾病如糖尿病和骨质疏松

E.提高身体的功能性和减少受伤的风险

二、判断题

功能性训练需要考虑运动功能需要、心理需要和社会生活技能需要，同时还要考虑性别、年龄、个人兴趣等因素。　　(　　)

三、实操题

选择体姿、核心稳定性、多样多方向、高强度间歇性练习等不同功能类型的某一组动作拍摄练习录像，上传至网课平台。

第九章
运动与减肥

排除遗传和药物因素，热量摄入大于热量消耗是导致肥胖的根本原因，摄入的多余热量将以脂肪的形式储存在体内，储存部位不同及性激素的影响导致肥胖的类型也有所不同。随着肥胖的发病率越来越高，如何科学有效地减肥成为大家共同关注的热点话题。减肥最关键的是减少热量摄入，提高能量消耗，制造能量负平衡，同时还要保证饮食结构的均衡。当前许多减肥方式比较极端，不仅不能实现健康减肥的目标，还会危及健康，本章将系统介绍减肥的营养误区及正确减肥的方法。

第一节　运动减肥概述

随着肥胖在全球的迅速蔓延，肥胖及肥胖带来的种种健康问题已经成为社会关注的焦点。过去，肥胖被认为是只有富人才会出现的，是富态的象征，随着世界卫生组织正式将肥胖列为疾病以及全民健康意识的提高，多数人谈“胖”色变，认识到了肥胖对健康的危害。但还有一些人对肥胖的认识不足，对于科学减肥认识不够，这节课我们重新认识一下肥胖，了解运动减肥的基本原理，避免进入减肥误区。

一、肥胖产生的原因

（1）遗传因素：单纯性肥胖具有明显的遗传倾向。

（2）激素类药物：氢化可的松、地塞米松等糖皮质激素。

（3）进食过量：能量摄入远远超过能量消耗。

（4）体力活动过少：能量消耗少。

二、肥胖的评价

（一）身体质量指数（BMI）

BMI＝体重（千克）/身高^2（米）。

我国成人 BMI 标准：24～27.9 为超重，28～31.9 为Ⅰ型肥胖，32～35.9 为Ⅱ型肥胖，超过 36 为Ⅲ型肥胖。

（二）正常体脂率

男性体脂率高于 20％属于肥胖，女性体脂率高于 28％属于肥胖。

（三）肥胖的综合评价

单独以 BMI 来评价是否肥胖存在很大的局限性，需要配合体脂率来综合评价（见表 9-1）。

表 9-1　肥胖的综合评价

体脂率 \ BMI	偏低(＜18.5)	正常(18.5～23.9)	超重(24～27.9)	肥胖(＞28)
偏低 男＜10％ 女＜18％	偏瘦	低脂肪肌肉型	肌肉型超重	运动型
正常 男 10％～20％ 女 18％～28％	肌肉较少	标准身材	肌肉型超重	运动型
偏高 男＞20％ 女＞28％	隐性肥胖	临界肥胖	真性肥胖	真性肥胖

三、肥胖类型及危害

(一)肥胖类型

(1)苹果型肥胖,又称向心型肥胖或中心型肥胖。该类肥胖人群腰腹胖,上肢和下肢相对苗条,脂肪主要沉积在腹壁和腹腔内脏周围,对代谢影响大,常发生在男性。

(2)梨型肥胖,又称外周型肥胖。该类肥胖人群上半身瘦,下半身臃肿,脂肪主要囤积在臀部和大腿,对代谢影响相对小,常发生在女性。

(二)肥胖危害

世界卫生组织已经将肥胖列为一种疾病,肥胖还是冠心病、糖尿病、高血压和部分癌症等慢性病的高风险因素。肥胖症患者还要面临各种社会压力,从而可能导致心理问题,影响认知。

小贴士

为什么男性与女性肥胖类型一般不一样?

男性的性激素睾酮会增加腹部脂肪的堆积,抑制臀部和大腿的脂肪堆积;女性的雌激素则会抑制脂肪在腹部堆积而增加臀部和大腿的脂肪堆积。

四、减肥的误区

(一)节食减肥

节食不等同于控制饮食，是指极端限制热量摄入。节食确实可以快速降低体重，但身体丢失的主要是水分和肌肉（瘦体重），脂肪含量不会有明显的变化。长期节食会显著降低人体基础代谢率，造成肌肉流失、体力下降、营养素缺乏，产生脱发、贫血、脂肪肝、月经紊乱等结果。

(二)生酮饮食

通过高脂肪、低碳水的饮食方式改变机体供能模式，让机体以氧化糖为主转向以氧化脂肪为主，进入生酮状态。生酮饮食短期内确实可以减脂，但在实际操作中难度大，并不适合每个人，这种饮食的另一个主要问题是提供的营养不足，可能会造成微量营养素的缺乏，还没有证据表明长期生酮饮食是安全的。

(三)阿特金斯减肥法

美国医生阿特金斯基于生酮饮食原理创造了一种低碳水饮食减肥法，在减肥的不同阶段对碳水进行不同程度的限制，同样会让机体进入生酮状态。尽管部分研究显示，阿特金斯减肥法可在短期内导致体重显著下降，血糖、血脂、血压都下降，但长时间使用阿特金斯减肥法会产生头晕、乏力等低血糖表现，长时间高蛋白质摄入还会提高肝、肾负担，存在营养不良风险。

小贴士

生酮饮食与阿特金斯减肥法有什么不一样？

生酮饮食起源更早，饮食结构主要特点是高脂肪（占每天热量的70%～80%）、适量蛋白质（占每天热量的20%～25%）和低碳水化合物（占每天热量的5%～10%）。这种饮食将身体的主要能量来源从葡萄糖向脂肪转变。阿特金斯饮食是20世纪70年代阿特金斯医生开创的低碳减肥法，国内又称吃肉减肥法，在2003～2004年广泛流行，盛行期间北美每11个成人里就有1个人采用这种饮食法。这种饮食同样可以将身体的主要能量来源从葡萄糖向脂肪转变，但不同的是它不限制蛋白质的摄入，也不强调过高脂肪的摄入。

第二节　运动减肥的营养学基础

减肥似乎已经成为各个年龄段人群共同关注的一大健康问题，“管住嘴，迈开腿”是我们经常听到的一句话，科学的减肥就是在深刻理解饮食和运动减肥原理的基础上合理饮食、适量运动，在保证身体健康的情况下达到瘦身塑形的目的，获得自己想要的理想身材。本节简要介绍减肥的饮食和运动策略。

一、减肥的饮食策略

(1)适当降低热量摄入：能量摄入控制在每天≤30 千卡/千克×阶段目标体重(千克)，其中糖类供能比例≤50%，蛋白质供能比例≥25%，脂肪供能比例≤25%。

(2)选择能量密度低的食物：能量密度是单位重量食物所含有的热量，脂肪含量对食物的能量密度影响较大，提高食物中水和膳食纤维的比例，降低脂肪的含量，可以降低食物能量密度，增加饱腹感，控制总能量摄入。饮食中加入水果和蔬菜，提高粗粮比例，餐前喝汤或者少吃油炸、精制谷物等均可以控制总热量摄入。

(3)选择血糖指数低的食物：选用全谷物、全豆类，增加蔬菜等食物，增强饱腹感。

(4)严格限制油炸、膨化食品：降低热量摄入。

(5)减少烹调用油：多用橄榄油、大豆油、亚麻籽油等不饱和脂肪酸含量较高的植物油，尽量少吃或不吃动物性油脂。

(6)尽量低温烹制：能生食的蔬菜可以不炒；尽量多选用蒸、煮、炖的烹饪方式，少高温油炸。

(7)注意进食顺序：先吃低能量密度的食物，再吃高能量密度的食物；细嚼慢咽；少食多餐，尤其是糖尿病人更要注意这一点；戒掉零食；养成购买食物时关注食物成分的习惯。

二、减肥的运动策略

(一)有氧运动

快走、慢跑、游泳等有氧运动的强度通常较低(50%～75%最大心率),风险小,没有训练经历的人群在运动初期可以放心选择。有氧运动的前15分钟主要靠肌糖原供能,脂肪组织从动员到释放脂肪酸进入血液,再被肌肉摄取氧化,需要的时间较长,在运动15～20分钟时才参与供能。一般认为通过有氧运动减肥必须持续30分钟以上,30～60分钟为宜,长于60分钟的运动不易坚持。初期每周频率为5次,后期可降低到每周3次,有利于保持减肥效果。

(二)力量训练

力量训练可以强烈刺激肾上腺素、去甲肾上腺素的分泌,提高身体对氧气的需求,同时,可以提高肌肉质量,增加肌肉维度,提高基础代谢率。单纯的有氧运动减肥起始阶段减脂效果很好,但很快就会遇到平台期,这个时候就可以通过力量训练增加体内肌肉含量,提高基础代谢率,持续高效减脂。可以借助器械进行深蹲、硬拉,也可以利用自重进行俯卧撑、引体向上,还可以选择便于操作和携带的弹力带,都可以锻炼全身大肌肉群。初学者可以从每天4组、每组每个动作重复10～12次开始,组间休息2～3分钟;具有了一定基础之后,可以提高负荷,每天进行3组,每组每个动作重复10次,每周2～3次,起初两次锻炼之间间隔48小时,后期可以降至24小时。

(三)高强度间歇训练

高强度间歇训练(HIIT)在短时间内进行重复性快速或爆发式训练,中间伴有低强度运动或休息,让身体处于不完全恢复状态。HIIT的运动强度通常在85%～95%最大心率,可以强烈刺激肾上腺素、去甲肾上腺素的分泌,动员脂肪细胞甘油三酯分解。在高强度间歇运动中,机体对氧气的需求大幅增加,产生缺氧状态,使得身体在恢复期需要更多氧气,即运动后过量氧耗(EPOC),供能物质主要是脂肪,这让机体在很长一段时间内仍然处于燃烧脂肪的状态。

小贴士

运动本身的减肥作用不是特别显著，想成功减肥必须在“迈开腿”的同时“管住嘴”。减肥与增肌类似，七分吃、三分练，在进行运动的同时一定要控制饮食。举个例子，如果消耗500千卡热量需要慢跑1小时，而吃1根400千卡热量的士力架只需5分钟。因此，科学的减肥是需要合理的营养、科学的运动以及良好的饮食行为习惯一起配合的。

剧烈运动后，身体处于缺氧(Oxygen Deficit)状态，心率、血液温度等仍处于非正常状态，为了将这些指标恢复正常，人体会进行自我调节，包括平衡激素含量、修复肌肉细胞、合成肌糖原等。在这一过程中，身体对氧气的需求及细胞代谢仍处于较高水平，这就是运动后过量氧耗(EPOC)。训练强度越大，人体进行自我调节时消耗的能量就越多，训练后新陈代谢率就越高，燃烧的脂肪也就越多。

HIIT 的优点突出，相比传统的中等强度持续有氧运动，HIIT 的燃脂效率更高，耗时短；可防止肌肉流失，促进肌肉增长；同时 HIIT 还能更好地提高心肺功能，增强身体对乳酸的耐受性，提高身体恢复能力。

本章作业

1.了解减肥的误区，并能简述错误减肥方式的危害及原因。

2.掌握正确的营养减肥策略。

3.掌握正确的运动减肥策略。

4.为自己制定一个科学合理的减肥计划。

第十章
运动伤害防护与急救

随着全民健身的蓬勃发展，越来越多的人参与到体育活动中，然而运动方法不当或者运动过量，会对身体造成一定的伤害。当发生运动损伤后，及时进行科学有效的防护与急救能够减少继发性损伤，避免伤情加重。本章将简要介绍何为运动损伤，运动损伤后的急救原则，常见运动损伤的处理方法，运动性低血糖、运动中暑与运动性腹痛等常见运动性病症的处理和预防办法，以及急救的基本知识和基本技术。

第一节　运动伤害概述

虽然大部分人有体育锻炼的意识，但在运动过程中容易忽视自己身体的基本情况和现实状况，盲目追求运动量，导致各种运动伤害。运动伤害是必须重视的一个问题，在体育活动中必须做好运动防护工作，防止运动损伤。理解运动损伤的概念，遵循运动损伤的处理原则，有助于在发生运动损伤的第一时间及时采取最有效的措施，减少继发性损伤发生和情况恶化的风险。

一、运动损伤的概念

广义的运动损伤包括在体育运动过程中发生的各种伤病，狭义的运动损伤是指运动特殊技术或训练造成的特殊伤病。

二、轻微运动损伤的处理原则——“PRICE”原则

当软组织受伤时，比如挫伤、肌肉拉伤、扭伤等，伤口会迅速肿胀，伤害发生后应采取措施控制过度出血、降低损伤并加速愈合，早期处理的目标是止血、镇痛、防肿和减轻炎症。

“PRICE”原则包括保护（Protection）、休息（Rest）、冰敷（Ice）、加压（Compression）、抬高（Elevation）五个方面，是公认的急性运动伤害标准处理方法，可在伤害发生后立即施用。按照“PRICE”原则正确处理伤口可以避免伤害扩大，帮助患者止痛、消肿，促进其尽早康复。

（一）Protection——保护

运动损伤发生时，应即刻停止运动，必要时使用夹板、护具、绷带等保护并固定受伤的部位，维持伤情稳定，限制超常范围的活动，避免受伤部位二次受伤或负重。同时应寻求协助，以适当的搬运法将患者转移到安全地带。

（二）Rest——休息

1.知识要点

运动损伤后，运动员应立刻停止受伤部位的运动，进行充分的休息，防

止伤势进一步恶化。

2.应用方法

恢复期内拒绝从事剧烈活动，让伤处得到充分休养；在适当范围内维持体能训练。出现感冒、发烧等状况时，发生内科疾患的风险增加，在此期间不建议持续训练。

(三)Ice——冰敷

1.知识要点

冰敷能够在短时间内起到止痛作用，减缓冰敷部位血液流通，以达到消肿目的，同时还能缓解肌肉痉挛。冰敷在处理运动损伤炎症反应方面是一种非常有效的方式。

2.应用方法

(1)冰袋制作及使用。在专用的布冰袋或较厚的塑料袋中加入 1/4 的水后，加入适量碎冰，然后加水至 3/4，挤掉空气后拧紧盖子或绑好袋口。直接将冰袋置于肿胀处，维持 15～20 分钟。缺少冰袋时，可用毛巾包裹其他冰冻物代替冰袋，或者直接用冰块接触皮肤。

(2)冰敷需注意的事项。冰过敏、雷诺氏症等特殊患者不可冰敷；冰敷时避开尺神经、腓神经等表浅神经，避免冻伤；冰敷时间不可过长，下一次冰敷须等皮肤温度恢复后进行。

(四)Compression——加压

1.知识要点

加压使患处肿胀减小，通过加压四肢可以减少内出血、减缓伤口发炎。使用弹性绷带、护具等包扎足、踝、膝、大腿等受伤部位，持续 1～2 天以控制发炎与出血。

2.应用方法

在足踝等不平整的受伤部位可加垫片固定。使用弹性绷带时无须施加张力，轻轻缠绕即可。缠绕固定后检查远端的肢体，观察及按压肢体，若肢体末端变色或血液回填不良，则需重新减压缠绕。

(五)Elevation——抬高

1.知识要点

抬高伤者患肢，使伤处高于心脏，减少血液循环，减缓出血，通过重力作用使积聚于受伤部位的组织液回流、减小肿胀和疼痛。抬高患肢可与冰敷、压迫一起在急性期使用。

2.应用方法

当怀疑伤员骨折时，应将患处固定后抬高。下肢受伤时，应使受伤部位高于臀部。受伤 48 小时内将受伤部位抬高，持续时间越长越佳。

三、常见运动损伤的处理方法

（一）挫伤

1.挫伤的表征

挫伤是指人体的某些部位受到钝性暴力引起该部位及深处组织的闭合性损伤。肌肉挫伤时，轻则局部疼痛、压痛、肿胀和轻度功能障碍，重则皮下出血导致血肿或形成瘀斑，同时伴随疼痛和功能障碍。

常见挫伤部位主要包括大腿与小腿前部、头、脑、腹部、睾丸等。

2.处理方法

急性期需要进行冰敷或按摩处理，必要时需要加衬垫压迫并用弹性绷带包扎，之后采取热敷来去肿化瘀。

（二）肌肉拉伤

1.肌肉拉伤的表征

肌肉拉伤是肌肉主动强烈收缩或被动过度拉长导致的肌肉微细损伤、部分撕裂或完全撕裂。一般会出现肌肉损伤部位局部疼痛、压痛、肿胀、肌肉紧张、发硬痉挛和功能障碍等情况，轻则肌肉主动收缩或被动拉长时疼痛加重；重则受伤时可感到或听到撕裂声，且肿胀明显，皮下淤血严重，局部可触及凹陷或一端异常隆起。

常见拉伤部位有大腿后侧肌群、大腿内收肌、腰背肌、腹直肌、小腿三头肌和上臂肌。

2.处理方法

急救处理采取“PRICE”原则，早期制动、冰敷、加压、包扎，将损伤肌肉置于放松位置减轻疼痛，就医后使用止痛药、肌肉松弛剂，外敷新伤药，48 小时后可以轻推按摩受伤位置，在伤部周围施行揉、捏、搓等按摩手法。

（三）关节韧带扭伤

1.关节韧带扭伤的表征

扭伤是指关节韧带过度拉伸甚至撕裂，压力、扭转、张力都可能导致韧带扭伤。根据扭伤的严重程度，可以分为轻度、中度与重度扭伤。

2.处理方法

急性期的处理与肌肉扭伤一致，需依循“PRICE”原则，之后可以采取热疗促进康复。韧带扭伤时要注意是否发生了关节脱位或半脱位。

四、常见运动性病症的处理方法

（一）运动性低血糖

长时间的大量运动或剧烈运动，空腹或饥饿状态、精神极度紧张恐惧以及患有某种疾病时，体内血糖大量消耗，可能出现运动性低血糖。若运动中或运动后出现头晕、恶心、呕吐、冷汗、心跳加快、莫名焦虑、身体颤抖、突然出汗增多等情况，可能发生了运动性低血糖。

1.处理方式

（1）立即停止运动并休息，上半身微微后倾并注意保暖。

（2）立即补充含有15～20克葡萄糖的食物或饮料。

（3）进食后休息10～15分钟，若症状无明显的改善，应以5～10分钟为间隔，少量多次重复补糖。若效果仍不明显，应立即前往医院就医。

2.预防方法

（1）餐后1～2小时后进行运动。

（2）空腹时减少或避免大运动量锻炼。晨练时，应在锻炼前或中途适当补糖。

（3）易发生低血糖者尽量选择慢跑、健步走等中低强度有氧运动，运动后以轻度疲劳感为宜。

（4）运动前进行充分准备活动，结束时进行恢复性的放松活动。

（5）掌握运动前、中、后的补糖方法，以预防运动性低血糖的发生。

（6）糖尿病患者应在专业人士的指导下进行适宜的运动，胰岛素注射后1小时内尽量不要进行运动。

（二）运动中暑

高温天气下，长时间参加大量体育活动时，体内产热过多、散热不足，体温升高，可能导致严重的身体不适而发生高温中暑。当患者核心体温高于41℃，出现头晕、意识丧失和昏迷、脱水、皮肤湿热或干热、心动过速（100～

120 次/分钟)、血压降低、呼吸急促等情况时,可能就是高温中暑。

1.处理方式

将患者移至阴凉处,脱掉衣服,通过将患者躯干和下肢浸入冷水(1℃～15℃)尽快降低其核心温度;也可用毛巾或衣物包裹冰袋浸湿患者的腋窝、腹股沟和颈部大血管处等。处理中注意患者呼吸道的通畅,如有心脏停搏现象应立即进行心肺复苏。

2.预防方法

(1)合理安排运动的强度和时间,安排 10～14 天适应期。早晨或傍晚进行最大强度训练,避免在一天中的高温时间段训练。

(2)加强心肺功能训练。

(3)在热环境下进行运动时,可用冰袋在手臂、腹股沟、后背及膝部等处降温。

(三)运动性腹痛

运动过程中,时常有锻炼者因生理和病理等原因而产生腹部疼痛,即运动性腹痛。个别运动者腹痛时有无力、胸闷、下肢沉重等感觉。

1.处理方式

控制运动速度、调整呼吸、按压腹部,若情况无明显改善则需立刻停止训练,休息观察,必要时送医院检查治疗。

2.预防方法

(1)科学安排训练和比赛。

(2)运动前充分热身,饮食不宜过饱、油腻,空腹不宜进行剧烈运动。

(3)餐后一小时以上再进行运动。

(4)长时间运动时应注意水和电解质的补充,避免一次补充过多。

第二节　急救基本知识与技术

急救医学的主要任务是在短时间内对威胁人类生命安全的意外伤害和疾病采取一系列紧急救护措施,这一阶段的重点是处理伤病急救,主要内容包括心肺复苏，处理各种休克、急性创伤、多器官功能衰竭和急性中毒等。本节将主要介绍急救基本知识和急救基本技术。

一、急救基本知识

急救医学的核心概念是“生存链”，这一概念不仅可以用于提高急救技能，同时与现代城市管理相结合，更易在社区实施，有效挽救垂危病人。生存链由五个环节组成，见图 10-1。

图 10-1　生存链

（一）快速识别和启动急救系统

紧急情况发生的第一时间，现场的第一目击者有识别猝死的能力，并立即联系急救医疗系统。

（二）早期心肺复苏术(CPR)

现场人员立即对患者进行 CPR，抓住救命的“黄金时间”施救，直至专业急救人员赶至现场。

（三）早期除颤

除去心室颤动重建正常心律。早实施心脏除颤 1 分钟，可以提高 8%～10%的抢救成功率。

（四）高级生命支持(ALS)

早期对生命支持给予相应的高级复苏措施，诸如气管插管、静脉输液、使用药物等。由专业的医护人员实施，维持患者的基本生命体征。

（五）心脏骤停后综合治疗

专业医护人员在医院利用各种仪器和药物抢救和维持患者生命，及时有效处理患者出现的紧急情况。

二、急救基本技术

体育运动中出现急性损伤时，现场急救尤为重要，因此必须熟练掌握各种急救处理方法。基本生命支持是指当个体因某些意外伤害导致心跳、呼吸骤停时，必须在数分钟内采取急救措施，促使其心脏、呼吸功能恢复正常从而保护和促进脑功能的恢复。本部分将重点介绍现场急救的基本生命支持操作技术——心肺复苏术（CPR）。完整的心肺复苏程序包括五个步骤。

（一）判断意识

急救者在确认现场安全的情况后轻拍患者，判断患者是否有意识。

（二）检查脉搏

急救者位于患者一侧，用食指和中指判断患者颈动脉是否搏动，是否有呼吸，若 10 秒内无法确定患者有无脉搏，应立即实施胸外按压。

（三）胸外心脏按压技术

1.患者的体位

伤员仰卧在坚固的平（地）面上，如果患者面部朝下，应把患者整体翻转，即头、肩、躯干同时转动，避免躯干扭曲，头、颈部应与躯干始终保持在同一个轴面上。伤员双上肢放置在身体两侧，下肢自然分开。

2.急救者的位置

急救者应位于患者一侧或两人分别位于患者两侧，便于实施人工呼吸和胸外按压技术。

3.技术要求

将一只手手掌掌根置于患者胸骨中下 1/3 交界处，另一只手的掌根置于第一只手上，手指不接触胸壁。胸外按压时双肘伸直，垂直向下按压，成人按压频率为 100～120 次/分钟，下压深度为 5～6 厘米，每次按压之后应让胸廓完全回复。胸外按压动作要领见图 10-2。

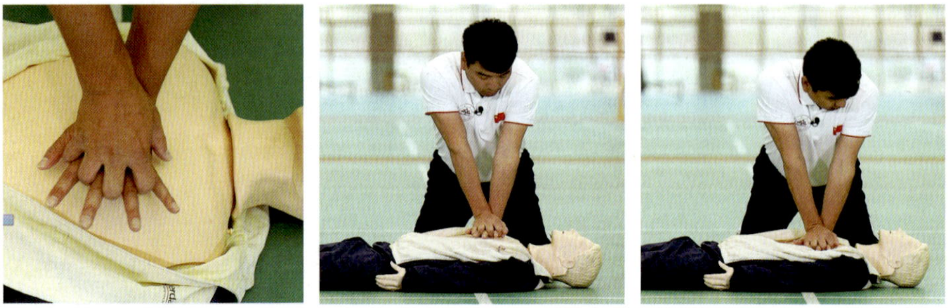

图 10-2　胸外按压动作要领

（四）畅通呼吸道

伤员体位同胸外心脏按压时的位置，采用仰头抬额法，使头部后仰，颏骨上抬。开放气道时，应及时清除患者口中异物或呕吐物，佩戴假牙者应取出假牙。

（五）人工呼吸技术

1.技术要求

人工呼吸前，确保气道畅通，捏住患者鼻孔防止漏气，急救者用口唇将患者的口全包呈密封状，然后正常吸气，持续吹气 1 秒以上，重复两次。吹起时保证有足够量的气体进入并使胸廓起伏。

2.注意事项

胸部按压与通气比率：单人或双人皆为 30∶2。人工呼吸动作要领见图 10-3。

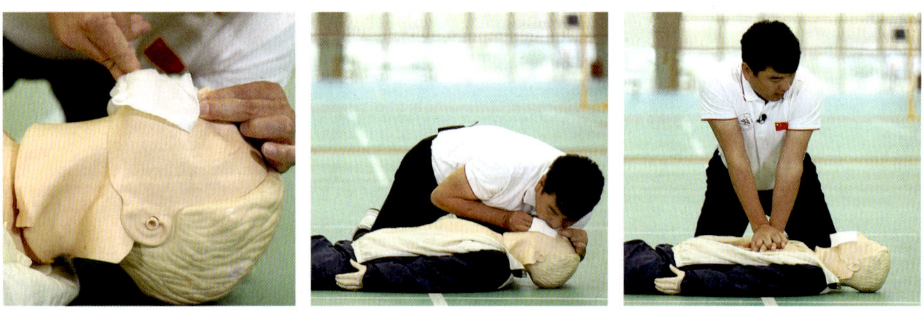

图 10-3　人工呼吸动作要领

以上五个步骤做五组循环后，如果患者仍无意识，需要对患者进行重新评估。心肺复苏术程序见图 10-4。

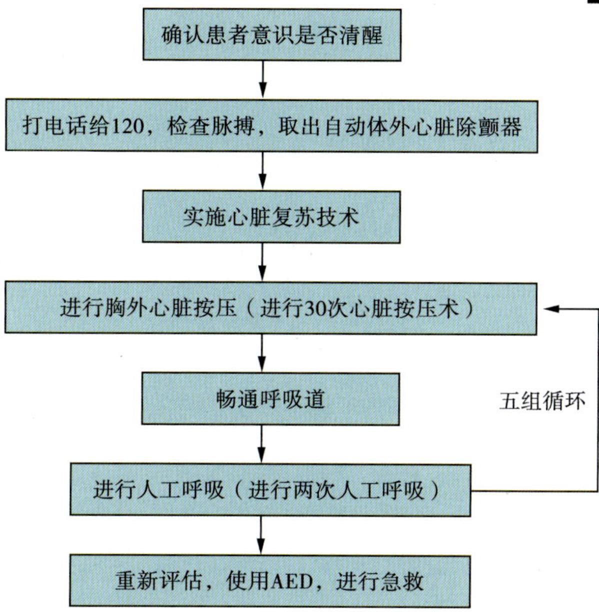

图 10-4　心肺复苏程序

本章作业

1.熟记心肺复苏具体操作流程，并使用模型进行操作练习。

2.为低血糖患者设计一份运动前、中、后的运动和饮食处方。

3.熟记“PRICE”原则，并对其具体方法进行操作练习。

参考文献

[1]中华人民共和国教育部.教育部关于印发《国家学生体质健康标准》(2014年修订)的通知[S].北京:教育部司局机构,2014.

[2]国家体育总局训练局国家队体能训练中心.身体功能训练动作手册[M].北京:人民体育出版社,2017.

[3]邓树勋,王健,乔德才,等.运动生理学[M].北京:高等教育出版社,2015.

[4]张钧,张蕴坤.运动营养学[M].北京:高等教育出版社,2010.

[5]顾德明,缪进昌.运动解剖学图谱(第3版)[M].北京:人民体育出版社,2013.

[6]中国体育科学学会.运动处方[M].北京:高等教育出版社,2020.

[7]美国运动医学学会.ACSM运动测试与运动处方指南(第10版)[M].王正珍,译.北京:北京体育大学出版社,2019.

[8]张先松.健身健美运动[M].北京:高等教育出版社,2017.

[9]李萍.大学体育教程[M].长沙:中南大学出版社,2018.

[10]国家体育总局职业技能鉴定指导中心.社会体育指导员国家职业资格培训教材·健身教练[M].北京:高等教育出版社,2019.

[11]邓良月.国家标准经络穴位挂图[M].北京:中国中医药出版社,1997.

[12]杨忠伟,李豪杰.运动伤害防护与急救[M].北京:高等教育出版社,2015.

[13]胡安·卡洛斯·桑塔纳.功能性训练:提升运动表现的动作练习和方案设计[M].王雄,袁守龙,译.北京:人民邮电出版社,2017.

[14]迈克·鲍伊尔.体育运动中的功能性训练(第2版)[M].张丹玥,王雄,译.北京:人民邮电出版社,2017.